素顔のBTS

BTS on Backstage

バックステージ

柳 哲秀

太陽出版

Prologue

言うまでもなくBTSは、今や世界的なポップスグループとして認知されている。

RM（アールエム）、SUGA（シュガ）、JIN（ジン）、J-HOPE（ジェイホープ）、JIMIN（ジミン）、V（ヴィ）、JUNGKOOK（ジョングク）の7人が世界に認められたのは、わずか3年前の2018年。

韓国を中心にアジアの音楽チャートで頂点に君臨していた彼らが、本格的にアメリカ市場へと参入した時だった。

5月に発売したアルバム『LOVE YOURSELF 轉 'Tear'』と8月に発売したアルバム『LOVE YOURSELF 結 'Answer'』が、2作連続でビルボード・アルバム・チャートの1位を獲得する快挙を達成。

12か月以内にアルバムチャート1位に2回ランクインしたグループは2014年のワン・ダイレクション以来、それもアジア人グループではもちろん初めてで、世界中の音楽ファンに衝撃を与えたのだ。

「いくらアジアで大人気、世界各国でコンサートを行っていたとしても、真の意味で〝世界的なアーティスト〟として認められるためには、北米の音楽市場で確たる実績を残さなければなりません。BTSはビルボードのチャートを席巻し、初めてその資格を得たのです」（音楽ライター）

さらに2020年8月21日に世界同時リリースされたシングル『Dynamite』が、韓国のアーティストとして初めて北米のビルボード・シングルチャートで1位を獲得。

文在寅（ムン・ジェイン）大統領が「本当にすごい快挙」と祝福のコメントを寄せるほど、韓国いやアジアのファンはその偉業に沸いた。

「それまでの2年間でビルボード・アルバムチャートでは4枚も1位を獲得していましたが、シングル1位はこれが初めて。その裏にはこの年の現地1月26日に開催されたグラミー賞でのパフォーマンスが、広く注目される呼び水になったともいわれています。K-POPアーティストとして史上初のパフォーマンスで、それまで懐疑的だった音楽ファンも虜にしたのでしょう」（同前）

またその間、音楽活動のみならず、BTSは人気ポップスグループの代表として国連にも招待され、リーダーのRMがおよそ7分間に渡るスピーチで「Speak yourself」と、あらゆる差別の撤廃を訴えかけ（※2018年9月ユニセフ青年アジェンダ『Generation Unlimited』代表演説）、2020年9月の国連総会では、世界中に向けて――

『Life goes on. Let's live on.（人生は続きます。共に生きていきましょう。）』

――と、希望のメッセージを贈った。

「単なるヒットメーカーにとどまらず、オピニオンリーダーとしての発言力もBTSが支持を集める理由になっています。またこの夏にリリースした『Permission to Dance』のミュージックビデオには、国際手話を取り入れたパフォーマンスを披露。〝楽しい〟〝踊る〟〝平和〟を意味する動作を繋げ、自由でありながらもみんなが一つになった姿を表現しています」（同前）

未来の〝ある日〟からスタートするこのミュージックビデオでは、メンバーが〝希望〟を込めた紫色の風船を空に飛ばし、日常の中で風船を見つけた人たちが、何の制約もなく自由に踊りながらその瞬間を楽しむ――

『We don't need permission to dance（僕たちが踊るのに許可はいらない）』

――の歌詞を体現した演出で構成。

世界に向けたメッセージと、その想いを込めた作品に仕上がっている。

そんなBTSのこれまでの軌跡、現在、さらに未来に向かう最新エピソードを集めたのが本書だ。

メンバー及びプロデューサーのパン・シヒョク氏と直接交流のある側近スタッフ、デビュー当初から彼らを取材してきた芸能ジャーナリスト、その他、BTSと関わりのあるテレビ関係者、音楽関係者に取材を敢行。

彼ら7人の〝知られざる素顔〟をお伝えしている。

つい最近BTSを知ってファンになった方から、ゴリゴリのARMYまで。

新たなBTSの魅力と出逢い、より深く愛するお手伝いが出来ればと、製作陣一同は心から願っている――。

BTS 素顔のBTS on Backstage

なお本書では、本文中に登場するグループ名は"BTS"をメインに表記。そして今回取材にご協力頂いたスタッフ及び関係者の方々については、ご本人のご承諾の下、文中に登場する名前はすべて仮名とさせて頂いたことをご了承願いたい。

Contents

169 JIMIN on Backstage ―素顔のJIMIN―

193 V on Backstage ―素顔のV―

1st Chapter

RM on Backstage

素顔のRM

RMが語る〝グローバルなアーティスト〟へのプラン

『いろいろとオファーを頂くようになって、そのいくつかは順調に進んでいますね。コロナ禍が終息したらアッと驚くプロジェクトを発表できると思うし、世界中のARMYにそれをお届けすることを想像するとワクワクするよ』〈RM〉

BTSの存在が大きくなればなるほど、RM自身も――

『デビューの頃は、そこまでのプランは考えていなかった』

――と驚くほど、海外アーティストとのコラボレーションが進んでいる。

「BTSが世界的なアーティスト・Halseyとコラボした『Boy With Luv（feat. Halsey）』のYouTube公式チャンネルにおける再生回数が13億回を突破しましたが、BTSが凄いのはグループとしてだけではなく、メンバー個々が積極的にコラボレーションやプロデュースを行っているところです」（K・POPライター）

中でもSUGAは人気アーティストMAXとの『Blueberry Eyes（feat. SUGA of BTS）』、自身がプロデュースを担当する韓国の女性シンガーソングライター・Heizeとのコラボ曲『We don't talk together Feat. Giriboy（Prod. SUGA）』などで音楽的な才能を存分に発揮している。

しかしそれも、すべて背中を押しているのはRMなのだ。

『BTSはグループでありブランドでもあるから、
メンバー個々のやりたいことが100%出来るわけではない。
僕の役目は、メンバーのクリエイティブな部分を他の方向で発揮させることにもある。
たとえばSUGAが新しい音楽をやりたくなって、
でもそれがBTSには合わない時、
やめさせるんじゃなく別の形で実現させてやること。
SUGAはもちろん他のメンバーも、素晴らしい作品を作り上げてくれる』〈RM〉

J-HOPEはBecky Gと『Chicken Noodle Soup（feat. Becky G）』を発表し、YouTube再生回数も3億回に迫る勢い。

さらにはVも、あの大ヒットドラマ『梨泰院クラス』のOST（オリジナルサウンドトラック）『Sweet Night』を歌っている。

「Vが俳優として注目されるきっかけになった『花郎』で共演し、この『梨泰院クラス』に主演しているパク・ソジュンとの友情からOSTの1曲を歌いました。RMはメンバーの幅広い自由な活動を後押しすることで、一種の〝ガス抜き〟効果も同時に図っているのでしょう」（同前）

RM自身――

『生活も仕事も24時間ずっと一緒だと、誰だって精神的なバイオリズムが狂ってしまう。外で息抜きをして帰ってくるのはとても大切』

――と話していたが、これもリーダーとしてメンバーを〝コントロール〟するための一種なのかもしれない。

そのRMが――

『BTSとしてコラボしてみたい』

――と新たに興味を示しているのが、2019年にアメリカのTIME誌で〝今年のエンターテイナー〟に選ばれた黒人シンガーでありラッパー、さらには女優のLizzo（リゾ）だ。

「リゾはBTSのファンで、そもそもは彼女のお姉さんがARMYだったそうです。BTSについて『彼らにはビックリするほどの才能があり、メンバーそれぞれの性格も最高。特に私はJIMINが好き。彼はとても楽しい人で、それでいて激しい。そして美しい』――とベタ褒めしています」（同前）

リゾが激推しするJIMINではないが、RMも――

『リゾの3枚目のアルバム（『Cuz I Love You』）はパワフルで力強い。僕は一番辛いエクササイズをする時のBGMとして聞いている。励みになるからね』

――と、彼女の圧倒的な歌唱力とエンターテインメント性を認めている。

『嬉しいのは、リゾのような素晴らしいアーティストがBTSに注目し、
JIMINを愛してくれていること。
そしていつかはコラボレーションを叶え、
ビルボードで上位にランキングされるようになれば、
今以上に僕らの音楽性を認めてもらえるようになること。
まだまだ〝BTS=アイドル〟の目線でしか見られていないことは自覚しているし、
今年も〝HOT100〟の1位を何週も獲得して、
それに〝ビルボード・ミュージック・アワード〟でも4部門を受賞したけど、
僕らはアメリカの音楽ファンから見れば〝外タレ〟。
ボーダレスに音楽とパフォーマンスのみで評価されるようになって、
本当の意味で〝グローバルなアーティスト〟だと胸を張れるんじゃないかな』〈RM〉

ここまでの実績を積み重ね、社会的に意義がある活動にも積極的に参加しているものの、RMは――

『まだ今の目標には到達していない』

――と、ハングリーさを光らせる。

『僕らが大きくなることは、ARMYにとっての誇りになる』〈RM〉

その想いこそが、彼らが古い常識を次から次に打ち破ってきた原動力なのだ。

『Permission to Dance』に隠された〝メッセージ〟

ファンからは親しみよりも尊敬に近い念を込めて〝ナムさん〟と呼ばれる、リーダーのRM(キム・ナムジュン)。

IQ148、高校時代の全国模試で上位1%に入るほどの学歴優秀者だった彼をパン・シヒョクプロデューサーがスカウトし、当時のBig Hit Entertainment(現HYBE)に入所。ちょうど10年前の2011年、RMを中心とした防弾少年団のメンバーを集めるオーディションがスタートしたことは、今さら言うまでもないだろう。

「RMは2度に渡る国連本部での演説でBTSのスポークスマンとして認められていますが、それにとどまらずK‐POPの、いや韓国の若者世代を代表するオピニオンリーダーの地位を掌中にしています。中学生の時、TOEICで850点を記録した高い英語力は、現在も海外でのライブやインタビューで大きな役割を果たしています。彼の語学力がなければ、BTSがユニセフのグローバル・サポーターに選ばれることもなかったのではないでしょうか」(K‐POPライター)

そんなRMの知性を象徴するのが、『Permission to Dance』に隠された〝メッセージの秘密〟だ。

YouTube公式チャンネルで同曲のミュージックビデオが世界同時に公開されると、最大同時アクセス数が230万を超えるなど、世界中のファンがいち早く視聴しようと先を争った。

プロローグでも触れているように、このミュージックビデオではBTSメンバーが国際手話を使い、「楽しい」「踊る」「平和」などを意味するパフォーマンスを披露している。

さらに注目するとその背景には「disABILITY（障害）」「RESOURCES（支援）」というスローガンが掲げられていて、強いメッセージ性を感じさせる。

「実はこの『Permission to Dance』が公開された7月は、1990年に制定されたアメリカ障害者法に由来する〝障害者プライド月間〟で、世界的に障害者の権利を啓蒙する活動が行われているのです。そして背景にある〝disABILITY〟〝RESOURCES〟のスローガンは、この障害者プライド月間と連動しています」（同前）

ＲＭは国連総会でスピーチを行った翌年の２０１９年、聴覚障害を持つ幼稚園から高校までの学生およそ１２０人が通う韓国の特殊学校に――

『学生たちの音楽教育のために使って欲しい』

――として、個人で1億ウォン（およそ１０００万円）の寄付を行っている。

『韓国のアーティストが寄付を行うことは、別に特別なことではありません。
自分たちが社会から得たものを社会に還元するのは、当然の使命だと考えられています。
聴覚障害を持つ子供たちに、目だけではなく骨伝導など様々な形で僕たちの音楽を届け、
そして彼らが音楽に興味を持ってくれるようになれば。
いつかそんな彼らから生まれた〝音〟を、僕たちが世界に届けてみたい』〈ＲＭ〉

言葉にするのは簡単だが、実際の行動に移すＲＭの心意気は尊い。

「そしてその『Permission to Dance』には、さらにいくつかのメッセージが隠されています。その代表が、タイトルに秘められた〝アナグラム〟だったのです。いかにも英語に精通するRMの〝仕掛け〟ではないかと世界中のARMYが騒然となりました」（同前）

〝アナグラム〟とは文字を並び替えることでまったく別の意味に変えてしまう文字遊びで、古くから推理小説や映画の謎解きに使われてきたことでもお馴染みだ。

今回『Permission to Dance』のタイトルに、アナグラムによるメッセージが隠されているという。

「ミュージックビデオの終盤、画面には〝PERMISSION TO DANCE〟というオレンジ色の文字が浮かび上がります。しかしこの文字は大きさが不揃いで、大小2種類の大きさで並んでいます。そこでまず大きい文字の〝P〟〝M〟〝D〟〝N〟〝C〟を抜き出して並べ替えると〝PNDMC〟で〝PANDEMIC（パンデミック）〟の略語に。次に残った文字も入れて並べ直すと〝NO PNDMC（PANDEMIC）STORIES〟になり、〝パンデミックがないストーリー〟〝パンデミックが終わる世界へ〟のメッセージが隠されていることに気づくのです」（同前）

公開後、RMがこの仕掛けを認めたわけではない。

しかしRMの知性とBTSが持つメッセージ性を考えれば、あえてARMYにその意味を読み取らせる、最低限のヒントを与えたとしか思えない。

「このミュージックビデオには様々な仕掛けが施されていて、たとえば冒頭に登場するウエートレスが運んでいる〝バターが乗ったパンケーキ〟は、前作の『Butter』ミュージックビデオのエンディングシーンと繋がっていて、しかも閑散とした店内はコロナ禍の影響を受けた飲食店を表現しているようにも見えます。そこから一貫したメッセージが始まるので、『Permission to Dance』のミュージックビデオは、間違いなくアナグラムまで含めて〝RMからの挑戦状〟に違いありません」(同前)

果たしてARMYが〝深読み〟するメッセージは、RMが仕組んだトリックだったのか?

それが〝YES〟であろうが〝NO〟であろうが、考えさせる時間こそが〝RMが狙った仕掛け〟なのかもしれない――。

RMが明かす『P．to．D PROJECT』に秘められた〝裏テーマ〟

「RMは『いつか明洞（※韓国の原宿ともいわれる繁華街ミョンドン）のど真ん中で一緒に踊ることを夢見ながら、今は世界各地で動画を通して一緒に踊って頂ければ嬉しい』――と話していました。世界各国でまたパンデミックの波が押し寄せる中、それでも想いを共有できるようにこの企画を考えたそうです」（K‐POPライター）

この7月25日、BTS公式YouTubeチャンネルで公開された『P．to．D PROJECT』。

海外ツアーはもちろん、韓国内でも大規模なコンサートを行えない中、新曲『Permission to Dance』をテーマに新たな振付を公開し、〝世界中のARMYが楽しめるように〟と、ファンのために動画を制作し、メンバーのメッセージと共に届けたのだ。

『パンデミックで活動が制限される中、終息した後の活動はもちろんのこと、今だから出来るような、しなくてはならないような活動についても毎日のように話し合っていて、そこから今回の『P．to．D PROJECT』のような企画も生まれたんです。特にJ-HOPEは鬱憤を晴らすじゃないけど、中心になって振付をまとめてくれた。パンデミックでステージには立てないけど、こうしてメンバーそれぞれがファンのために知恵を絞る姿を見ていると、ネガティブなパンデミックをポジティブに変えようと頑張ってくれているのは、リーダーとして誇りに思えますね』〈RM〉

RMによると『Permission to Dance』は、文字通り『誰もが心の動くままに"自由に音楽を楽しんで踊ろう"という楽曲』で、その"誰もが"にはもちろん聴覚障害を持つ方々も入っているので、国際手話を振付に取り入れるアイデアも浮かんできた。

さらにこの動画ではもう一歩進んで――

『いつでもどこでも誰とでも、明るく笑いながら楽しく踊る時を過ごそう』〈J-HOPE〉

――の意味が込められているのだ。

『J‐HOPEと振付のテーマを考えていた時、彼とは――

「最も大切なのは、この楽曲を通して（ファンの）みんなが一つになること。一緒に楽しむこと」

――と確認し合っているので、皆さんにも楽しく踊ってもらっていると信じてます』〈RM〉

またJINによると――

『最初にこの曲とダンスのアイデアを聞いた時、

僕も「すべての人が楽しく出来るような振付になったら素晴らしい！」と思ったので、

その〝すべて〟には僕も入っているから、

「難しかったら変えてくれ」――と頼みました。

そうしたら本当に簡単な振付が出来た。

何でも言ってみるものです（笑）」

――だそうで、J‐HOPEも、

『JーNさんのレベルに合わせました』

――と笑う。

さらにSUGAは――

『楽曲がすごくキャッチーなので、振付もそれに合わせてキャッチーになったと思います。
僕の理想としては、この曲を聴きながら歩いている人が、
つい乗ってしまって踊りながら歩いたり、
地下鉄のホームで一人が踊り出したらみんなも踊り出して、
フラッシュモブと間違われるような、そんな広がり方をすれば最高ですね』

――と、大きなムーブメントになることを期待しているようだった。

『一番大切なのは、みんなが一緒に楽しめることなので、
僕らが何かを仕掛けるというよりも、
僕らを題材にみんなが楽しく遊んでくれればそれでいいんですよ。
SUGAのように計算とか目論見とか狙うのは不純（笑）』〈RM〉

一方、ＪＩＭＩＮ、Ｖ、ＪＵＮＧ ＫＯＯＫのマンネラインは――

『自然に楽しめるのが一番。
だから個人的には、僕らは楽しい振付のアイデアを提供するだけで、
あとはみんながそれぞれの感性でフリーに踊ればいいと思う』〈Ｖ〉

『明るく楽しく笑顔で。
それをモットーに体を音楽に任せればいい。
踊りが上手いとか下手とかは関係なくて、
自分のやり方で音楽と一体になればいいんだよ』〈ＪＵＮＧ ＫＯＯＫ〉

『最初は恥ずかしいかもしれないけど、すぐに大切なことに気がついてくれると思う。
「楽しく笑う自分の表情が、いかに幸せに見えるか」――ってことに』〈ＪＩＭＩＮ〉

――と、ファンを巻き込んでくれている。

『僕たちには——

「それぞれが他人には見せられないほど必死に努力して泣きたくなっても、決して自分らしく楽しむことだけは忘れてはいけない」

——っていうポリシーがあるんです。

人は誰も、ずっと笑いながらは生きられない。

でも音楽を楽しみ、ダンスを楽しむことで、辛い日常を一瞬でも忘れることが出来れば。

BTSはそんな時間を提供したいし、
そのためには自分たちが楽しまないと、みんなを楽しませることなんて出来ない。

『P. to. D PROJECT』には、そんな裏テーマも秘められています』〈RM〉

皆さんはもう『P. to. D PROJECT』で踊りましたか?

その向こうにはBTSメンバー、そして世界中のARMYがいて、みんな一つに繋がっている——。

RMが人々に与える〝夢と希望〟

『もちろん僕らには、私生活でも世界中のARMYに夢を見せる義務がある』〈RM〉

日本で生活していると、時折、韓国の不動産相場の高騰がニュースとして飛び込んでくる。

ソウル市とソウル市を含む首都圏（京畿道、仁川市）のマンション（※韓国では〝アパート〟という）価格は高騰し、特にソウル市では25坪、およそ83平米で3LDKクラスのマンションを購入するまでにかかる年月は、年収の30％を貯蓄した市民の場合、何と118年もかかる試算もある。

「売れっ子の芸能人は軒並み凄いマンションに住んでいますし、不動産売買での差益も話題になります。しかし、かといって超高級マンションに住んでいることが一般人からの攻撃の対象になるわけではなく、むしろ購入価格も含め、どんなマンションに住んでいるかの情報がガラス張りに等しい。国民性の違いといってはそれまでですが、日本の芸能人が極力住居を明かさないのと比べると、やや不思議な感覚になりますね」（在韓通信社員）

日本の場合、購入するよりも賃貸に入居する芸能人のほうが多く、住居が晒されてファンが押しかけると、他の住人から退去を求められることも一因だろう。

「つい最近も、韓国の財閥系ケーブルチャンネルのMnetが『TMI NEWS』という番組で、〝(価格) 上位1％の家を選択したスターベスト13〟を発表しました。超高価なマンションや一軒家を購入した芸能人を取り上げたランキングにRMが4位に入り、ちょっとした話題になったんです」（同前）

K‐POPグループは下積み時代から共同生活することで知られ、もちろんBTSもデビュー前から7人で生活をしていた。

ヒット曲を連発し、世界的なポップスターの階段を上るにつれ、そのマンションのグレードも上がる。

最終的には共同生活をしていたソウル・漢南洞の〝H〟を売却すると共に、それぞれが個人で生活するようになった。

「RMが購入したのは同じ漢南洞にある〝N〟で、なぜそこまで話題になったのかというと、購入した当時は63億6000万ウォン（約6億円）のマンションを全額現金で購入したからです。いくら売れっ子の芸能人でも何十億ウォンのマンションともなれば、銀行でローンを組むのが普通。さすがBTSのリーダー、さすが世界的な大スターだと話題になったんですよ」（同前）

そんなRMの後を追うように、JIMINも同じ〝N〟を現金59億ウォンで購入。

ちなみにG‐DRAGON、イ・ジョンソク、チャン・ユンジョン&ド・ギョンワン夫婦なども〝N〟の住民だ。

「このマンションにはプールやジム、ゴルフ練習場はもちろん、完全防音のレッスン室、スパ、サウナ、ゲストルーム、パーティールームなどソウル随一ともいえるコミュニティ施設が完備され、さらには一流デパートが運営する高級レストランも入居しています。セキュリティレベルはいうまでもなく、入居者専用通路も万全です」（同前）

近々の実勢取引価格では、RMの部屋が79億ウォンまで上昇。

まさにこの地区を代表するセレブと言っても過言ではないだろう。

『でもここに決めた一番の理由は、
お気に入りのジャージャー麺が食べられる店が、専用通路の先にあること。
〝H〟に住んでいた頃から通っている店で、ソウルでは一番好きなんだ(笑)。
もちろん僕らには、私生活でも世界中のARMYに夢を見せる義務がある。
自分に相応しいかどうかは別として、それなりの場所に住まなきゃいけない』〈RM〉

ちなみにMnet『TMI NEWS』でランキングされたスターたちは——

1位　チャン・ドンゴン&コ・ソヨン夫婦 清潭洞〝P〟115億ウォン（約9億7千万円）
2位　ソン・ジュンギ 一軒家 100億ウォン（約9億円）
3位　チョ・インソン〝S〟レジデンス 92億ウォン（約8億8000万円）
4位　RM 漢南洞〝N〟79億ウォン（約7億5千万円）
5位　ソ・ジソプ〝H〟77億ウォン（約7億3000万円）

——など、さすがに有名芸能人が並ぶ。

「今回、ＢＴＳからはＲＭだけが代表して入りましたが、同じマンションに住むＪＩＭＩＮも当然のようにランクインしていなければなりませんし、ＢＴＳが垂涎の的であることもいうまでもありません。また番組では6位ユ・ヒヨルの62億ウォン、7位イ・ジェフンの60億ウォン、8位チョン・ジヒョンの50億ウォン。以下は9位イ・ミンホ、10位ソン・シギョン、11位チャ・テヒョン、12位キム・スヒョン、13位ペク・ジョンウォン&ソ・ユジン夫婦と続きましたが、この13位で26億ウォン（約2億４０００万円）と4位のＲＭとは3倍近く離れていますが、それでも上位1%の範囲内。チャン・ドンゴン、ソ・ジュンギ、チョ・インソン、ソ・ジソプの間にＲＭが割って入るなんて、デビューの頃を考えると夢のような話ですね」（同前）

夢は見るものではなく、その努力で叶えるもの。

今のＲＭの姿こそが、人々に希望を与えるのだ。

RMが語る〝BTSの未来〟

ＢＴＳが世界的なスターへと上り詰め、日本をはじめとしたアジア諸国、さらにはアメリカや南米、ヨーロッパへとファン層が拡大する中、ファンの間にはひとつの違和感が拡がっていったという。

「それはＢＴＳに対する〝Ｋ‐ＰＯＰ〟の括りです。今やＢＴＳのファンの多くが〝韓国以外〟で暮らしている現状から、ＢＴＳをＫ‐ＰＯＰというジャンルで語るにはあまりにも彼らがグローバル化しすぎているのではないかと。〝じゃあ何のジャンルなの？〟といわれれば、それはそれでＫ‐ＰＯＰなんですけどね」（韓流ウォッチャー氏）

しかしＫ‐ＰＯＰはＫ‐ＰＯＰでまた、ものすごいスピードで進化していると言っても過言ではない。

たとえば現在、韓国人プロデューサーの下、Ｋ‐ＰＯＰグループのメンバーは決して韓国人に限らないのが普通で、韓国人の主力メンバーに加えて中国人、タイ人、そして日本人が参加しているグループは十指に余る。さらに中にはヨーロッパ、インドなどからやって来た（韓国人から見た）外国人しかいないグループもある。

「いくらスタッフが韓国人といっても、メンバーに韓国人がいないグループが〝K‐POP〟としてデビューしている。もちろん歌っているのは、K‐POP的なアレンジを施した曲。つまりBTSが世界的な成長を遂げたのと同じように、K‐POPの幅も世界へと広がっているのです」（同前）

日本人から見ると人気絶頂のTWICE、惜しまれながら期間限定で解散したI＊ZONEなど、K‐POPグループに日本人メンバーがいても特に何とも思わないが、むしろ韓国の一部ファンの中に「韓国の歌を韓国語で歌う韓国人メンバーばかりのグループがK‐POP」とこだわる人も多いらしい。

「気持ちはわかりますし、逆にJ‐POPで考えれば同じ定義をするかもしれません。実際、BTSも『Dynamite』までは韓国語で歌ってきましたし、〝違和感を感じる〟とファンが言い出したのは『Dynamite』以降ですからね」（同前）

そんな意見が増える中、RMは堂々と言い切った――。

『正直なところ自分も韓国語で歌うことにこだわってきたけど、
今は世の中が僕らを〝K‐POP〟と呼ぶのか、
あるいはK‐POPではなく〝ノンジャンルのアウトサイダー〟と呼ぶのか、
それに関してはあまり興味がないんです。
僕たちは韓国人で、僕たちが〝良い〟と思ったポップスを歌っているだけ。
だからカテゴライズされるとしたら、
BTSそのものが〝一つのジャンル〟だと言いたいんです』〈RM〉

……とはいえRMは、K‐POPか否かをめぐる議論については『韓国の音楽業界にとってはきわめて重要』とも考えている。


『あくまでもメンバーにとっては、僕らがK‐POPかどうかはあまり意味がないだけなんです。

僕らのファンの方、ARMYは世界中にいて、皆さん様々な言語を使っている。

そんな皆さんに詞の意味を届けようとしたら、今の僕らの状況を考えると英語が便利なだけ。

日本のファンに向けて日本語のCDを出していますが、それも同じような意味です』〈RM〉

RMは子供の頃、エッセイストや詩人になるのが夢だった。

そしてラップに出会った時、詞と音楽の融合に心を奪われた。

だからこそ彼は、詞に強いこだわりを持っているのだ。


『韓国のラッパーにはアメリカとは異なる独自のリリシズム、独自の状況や苦労があって、それらをラップというプロセスに落とし込んでいます。

僕は韓国人として、こうしたものに一番共感するんです。

BTSがポップスグループとしてデビューした時、自分自身のアイデンティティを整理し直し、新しいアイデンティティを取り入れなければならないこともありました。

でもラップであれポップスであれ、結局は僕の想いや考えを表現し、人々に共感してもらうためのものなんです。

だから自分が手掛けた作品が発表できる限り、それは僕の夢と、僕がずっとやりたいと願っていたことの延長だと思ってください』〈RM〉

RMが聴くポップスやヒップホップのほとんどは、実はK-POPではなくアメリカの音楽だ。

『韓国人の僕は、韓国独自の個性と地域に根ざしたアイデンティティの中で育ってきました。
そこには欧米の人には理解できない、韓国人あるいは東洋人特有の特徴がいくつかあるんです。
だからこそ僕たちは東西という2つの要素を融合し、
新しいジャンルを生み出すことを目指してきました。
それを〝K-POP〟と呼ぶ人もいれば、
〝BTSというジャンル〟と呼ぶ人もいるでしょう。
こんな僕たちが議論のテーマにされることは光栄だと思ってますし、
僕たちは東西の音楽が融合したハイブリッドな音楽を作りながら、
大きな変化の中心にいることがワクワクしてたまらないんですよ』〈RM〉

BTSはBTS、それ以外の何者でもない。

彼らはこれからも、彼らのアイデンティティに基づく独自の音楽を追求し、〝BTS〟という一つのジャンルであり続けるのだ――。

【2018年9月24日・BTS(RM)国連スピーチ】

2018年9月24日、ユニセフのグローバル・サポーターであるBTSが、ニューヨーク国連本部で世界中の若者たちに向けて「自分自身を語ろう」とメッセージを贈った。

2030年までにすべての若者が質の高い教育、技能研修、雇用を得られることを目指す、世界的パートナーシップ「#GenerationUnlimited(無限の可能性を秘めた世代)」が発足したこのハイレベル・イベントには、国連事務総長アントニオ・グテーレス氏やユニセフ事務局長ヘンリエッタ・フォア氏、ユニセフ親善大使リリー・シン氏などの他、「GenerationUnlimited」を支持する人々が一同に会していた。

【BTS（RM）スピーチ全文 ユニセフ公式和訳】

国連事務総長、ユニセフ事務局長、各国首脳、そして世界中からお集まりの皆さんに感謝申し上げます。

私の名前はキム・ナムジュン、BTSのリーダー「RM」でもあります。

今日の若い世代にとって、非常に意味のあるこの場所にご招待いただきとても光栄です。

昨年11月、BTSはユニセフと共に『LOVE MYSELF（私自身をまず愛そう）』キャンペーンを開始しました。

「本当の愛は自分自身を愛することから始まる」

という信念があるからです。

そして世界中の子どもと若者の保護を目的とする、ユニセフの『#ENDviolence（暴力をなくそう）』キャンペーンと協力して活動しています。

このキャンペーンでは、僕たちのファンが行動力と熱意を持って大きな役割を果たしてくれています。

僕たちは本当に世界一のファンを持っています。

さて、まずは僕自身の話から始めたいと思います。

僕は韓国・ソウル近郊のイルサンで生まれました。

湖や丘のある本当に美しい町で、毎年フラワーフェスティバルも開催されています。

僕はそこで幸せな幼少期を過ごし、ごく平凡な男の子でした。

夜空を見上げて想いを巡らせたり、男の子らしい夢を見たりしていました。

〝僕は世界を救えるスーパーヒーローだ〟なんて想像もしていました。

僕たちの初期のCDアルバムのイントロに「9歳か10歳のとき 僕の心臓は止まった」という歌詞があります。

振り返れば他人が僕のことをどう思っているか、どう見えるかを心配し始めたのがその頃だったと思います。

夜空や星を見上げて空想することをやめ、他人がつくりあげた型に自分を押し込もうとしていました。

自分の声を閉ざし、他人の声ばかり聞くようになりました。

誰も、僕自身でさえ、自分の名前を呼びませんでした。

心臓は止まり、目は閉ざされました。

このように僕は、僕たちみんなは名前を失い、幽霊のようになりました。

でも、僕には音楽がありました。

自分の中で小さな声がしました。

「目を覚ませ！ 自分自身の声を聞くんだ」

それでも音楽が僕の本当の名前を呼んでくれるまで、長い時間がかかりました。

BTSのメンバーになると決めた後でさえ、たくさんのハードルがありました。

信じられない人もいるかもしれませんが、ほとんどの人が僕たちには見込みがないと思っていました。

やめたくなるときもありましたが、諦めずにここまで来られてとても幸運でした。

そうやって僕もみんなも、これからもつまずいたり転んだりするでしょう。

BTSは大きなスタジアムで公演し、数百万枚ものアルバムを売り上げるアーティストになりました。

でも僕は今でも、平凡な24歳（※当時）の青年です。

僕が何かを成し遂げたのだとしたら、それはBTSのメンバーが側にいてくれて、世界中のARMYが愛とサポートで支えてくれたからです。

昨日、僕はミスをしたかもしれません。

でも、過去の僕も僕には変わりありません。

今の僕は、過去のすべての失敗やミスと共にあります。

明日の僕が少しだけ賢くなったとしても、それも僕自身なのです。

失敗やミスは僕自身であり、人生という星座を形作る最も輝く星たちなのです。

僕は今の自分も、過去の自分も、将来なりたい自分も、すべて愛せるようになりました。


最後にもうひとつ話したいことがあります。

アルバムをリリースし『LOVE MYSELF』キャンペーンを始めてから、世界中のファンから素晴らしいストーリーが届き始めました。

僕たちのメッセージが人生の困難を克服し、自分自身を愛する助けになったこと。

そうしたストーリーは、僕たちが担う責任をいつも思い出させてくれます。

だから僕たちみんなで、もう一歩前に踏み出しましょう。

僕たちは自分自身を愛することを学びました。

だから今度は「自分自身のことを話そう」。

あなたの名前は何ですか？
何にワクワクして、何に心が高鳴るのか、あなたのストーリーを聞かせてください。

あなたの声を聞きたい。
あなたの信念を聞きたい。

あなたが誰なのか、どこから来たのか、肌の色やジェンダー意識は関係ありません。
ただ、あなたのことを話してください。
話すことで、自分の名前と声を見つけてください。

僕はキム・ナムジュン。
ＢＴＳのＲＭです。
アイドルです。
韓国の小さな町で生まれたアーティストです。

他の人と同じように、人生でたくさんのミスをしてきました。
たくさんの失敗も恐れもあるけれど、自分を力いっぱい抱きしめることで、少しずつ自分自身を愛せるようになりました。

あなたの名前は何ですか？
自分自身のことを話してください。

BTS 素顔のBTS
on
Backstage

2nd Chapter

SUGA on Backstage

素顔のSUGA

BTS 素顔のBTS on Backstage バックステージ

SUGAが〝音楽〟に賭ける情熱

SUGAはBig Hit Entertainmentが彼の地元・大邱（テグ）で開催したラッパーオーディションをきっかけに練習生となり、上京後はバイトを掛け持ちしながらソウル市内の高校に通学。音楽業界へと足を踏み入れるようになっていった。

「所属事務所は、当時のRMと同世代のアマチュアラッパーを発掘していました。しかしSUGAはオーディションを受けたものの、どちらかといえば自分はパフォーマーではなく楽曲制作やプロデューサー、つまり〝裏方指向が強かった〟と聞いています」（K‐POPライター）

BTSも今では〝セルフプロデュースが出来るアイドルグループ〟として確固たる地位を築いているが、それはSUGAが初期の頃からアルバム収録曲のメインプロデュースを手掛け、『花様年華』シリーズまでは公式ブログでアルバムレビューを担当するなど積極的に作品に関り、メンバーやスタッフからは信頼を、そしてファンからはアルバムセールスという結果を得られたからこそ、勝ち取ることが出来た〝権利〟なのだ。

「SUGAが認められたことでRM以下、次々とメンバーがプロデュースやソロ曲の制作に関わるようになりました。スタート地点にSUGAの才能があったことで、BTSは音楽的にも高く評価されるようになったのです」(同前)

自分たちの楽曲以外にも、女性ソロシンガー・Suranの『今日酔えば』で音楽チャートの1位を獲得。またアルバムをプロデュースしたEPIK HIGHのメンバー・TABLOの紹介で大御所歌手イ・ソラと関わりを持つようになったり、RMと並んで積極的に外部アーティストとのコラボレーションを進めている。

さらにSUGAは現在でも年間で『合計すれば、未発表も含めて200曲は作曲している』そうで、音楽に賭ける情熱は素晴らしい。

『BTSのメンバーとしての活動と、本名の〝ミン・ユンギ〟としての活動、そして〝Agust D〟〝D-2〟名義のミックステープ。
それらを並行してやらせてもらっているから、いい意味でストレスが溜まらない。
「これはBTS向きじゃない」と思った曲はAgust D、D-2で発表してきたから、無駄になる詞や曲がすごく少ないんです』〈SUGA〉

日本でも、ラップ詞を楽曲に取り込んだアイドルたちは、そのラップ詞を自分で作詞している。日本ではおよそ20年前から続く〝ラッパーの流儀〟だが、それは韓国のアイドルグループでも同じ。ラップ詞の大半はグループのラッパーが手掛けていることが多い。

ちなみにミックステープとは日本では馴染みがないが、商業目的ではなく公開する〝趣味のオリジナルミニアルバム〟と思って頂きたい。

「SUGAでいえば、まさに『Agust D』で発表した曲に、ストレートに自分を表現する歌詞を入れています。自らの音楽の指向とアイドルとしての葛藤を、SUGAは『Agust D』で吐き出しました。このミックステープの存在が、SUGAの言う〝ストレス解消〟の手段の一つですね」(同前)

イメージからは寡黙な職人タイプに見えるが、MONSTA X・キヒョン、SUPER JUNIOR-M・チョウミ、元Wanna Oneのカン・ダニエルなど、アイドル界に意外なコネクションを広げていて、「将来はSUGAを中心に所属グループの壁を超えた〝SUGA軍団〟が出来るともっぱらの評判です」(同前)

――と噂されるほどだ。

『そんな軍団は作らないけど(苦笑)、
でも音楽好きが集まってセッションを始めたら、
「ちょっと遊びで1曲作らない?」って話はすぐに飛び出すし、
僕は、音楽は自由に表現するものだと思っているから、
意外な相手であればあるほどコラボレーションするのは面白いよね。
でも今、そうやって好きなことをやらせてもらえているのは、
間違いなくBTSの成功によるもの。
時に自分の音楽の才能を韓国やアメリカで評価されるけど、
僕自身は〝自分には才能がある〟と傲慢になったら、
「もうそれ以上は成長しないんじゃない?」――と思ってるしね。
自分の作品には自信を持っているけど、謙虚な心は忘れてはいけない』〈SUGA〉

BTSのメンバーの中では〝苦労人〟といわれるSUGAは、苦労したからこそ忘れてはいけない謙虚さを、いつも心の中に持ち合わせている――。

SUGAが狙う(?)〝果汁顔のプリンス〟

他のエピソードでも触れているが、韓国のアイドルはいつも激しい〝ランキングもの〟に晒されている。
本書でもVの〝マスクをしていても美しいアイドル〟1位のエピソードをご紹介しているが、SUGAが1位にランキングされたのは「人間ビタミン！ 最高の果汁顔アイドル」アンケート投票の結果だ。アンケートでは何と得票率38.65%で1位に輝いた。
「果汁顔とは〝爽やかで元気いっぱい、見ているだけでビタミンが摂取できる〟印象のアイドルで、韓国独特の表現です。この夏、見るだけで暑さを吹き飛ばしてくれる、ビタミンのように気持ちが良い笑顔を持つスターとして、SUGAが選ばれました」(韓流ウォッチャー氏)
確かにSUGAは色白で透明感に溢れる美肌の持ち主として評判だが、いわゆるストイックな職人肌のアーティストでもある彼を、爽やかなアイドルに与えられる〝果汁顔アイドル〟で一括りするのは、日本ではなかなか考えにくい現象だろう。

「SUGAは韓国では〝白い肌に可愛い笑顔で桃のよう〟〝果汁が落ちそうなほど可愛く爽やかな笑顔〟と言われ、ファンは〝笑うと口角が上がり、口の洞窟が美しく見えてときめく〟とか。〝口の洞窟〟も韓国特有の表現で、口を開けて笑った時に歯と頬の間にできる隙間のことです。かなりマニアックな〝萌えポイント〟ですけどね（笑）」（同前）

またSUGA自身も、実はファンから支持される爽やかな笑顔とステージ上で展開するカリスマラッパーとしてのパフォーマンスを、「ギャップ萌えに上手く使っている」とも言われているらしい。

「その証拠につい先日、SUGAはBTSの公式Twitterに『久しぶりに黒髪』というコメントと、1枚の写真をアップしました。そこには髪の色を黒に染め、対照的に明るい黄緑色のシャツをはおることで、いかにも華やかな雰囲気を醸し出していました。それを見たファンは〝まるで炭酸がハジけたように爽やか〟〝シャツの色と黒髪のコントラストが美しすぎる〟などとコメントする一方、〝SUGAさんはギャップを生み出す天才〟〝ビジュアルのプロデュースも最高〟と、SUGAが一瞬ドキッとしそうなコメントもありました」（同前）

しかし仮にSUGAが〝ギャップ萌え〟を狙って仕掛けているとしても、ファンはその針に喜んで釣られているのなら構わないではないか。

『〝狙う〟とまでは言わないけど、
すべてにおいてファンやARMYが喜んでくれそうなことを考えるのは、
プロとして当然の行いだと思います。
もちろん中には〝SUGA何やってんの?〟と不快に思う人がいるかもしれないし、
自分でも〝ちょっとハズしたかな~〟と感じた時は、
すぐにテテやJUNG KOOKの投稿を見て勉強し直してます』〈SUGA〉

爽やかな笑顔と、韓国流に言うと〝陶器のような美肌〟。

自分では――

『だけど僕はビジュアルメンバーじゃないよ。もちろん(笑)』

――と笑うSUGAだが、これからも〝果汁顔のプリンス〟として韓国アイドル界に君臨してくれるだろう。

自分のルーツを忘れないSUGAの〝地元愛〟

韓国では卓球界の〝国民の妹〟と呼ばれている、東京オリンピック卓球女子韓国代表の申裕斌（シン・ユビン）選手が、Vから『ファイティン！』のメッセージをもらったことで、世界中のARMYから注目されている。

「まだ17才の申選手は、今大会ではシングルスでは3回戦で敗退、団体でも準々決勝でドイツに敗れてベスト8止まりでした。そんな申選手がオリンピックに参加する前、韓国メディアのインタビューに〝試合前はBTSの新曲をいつも聞いています〟と答えた記事を、BTSファンがBTSメンバーとファンが交流するプラットフォームにアップ。それを目にしたVが『ファイティン！』と反応したのです」（K - POPライター）

その反響はARMYの間にとどまらず、アメリカのNewsweekはインターネット版に「BTSのスターが、東京2020オリンピック参加選手、10代ファンのシン・ユビンに応援メッセージを送った」との記事を掲載したのだ。

実はそんなBTSメンバーの中に、もう一人、今回の東京オリンピックに〝特別な声援〟を贈るメンバーがいたという。

「SUGAです。実はサッカーのオリンピック代表のメンバーに、SUGAの故郷でもある〝大邱（テグ）のアイドル〟と呼ばれ、大邱広域市の広報大使を務める選手がいるんです。それが大邱FCに所属する、FWのチョン・ソンウォン選手です」（同前）

残念ながら東京オリンピックでは決勝トーナメントに進出したものの、メキシコに敗れてベスト8の成績だった韓国男子サッカー代表。しかしチョン選手はそのイケメンぶりが話題となり、〝大邱のチョン・ソンウォン〟から〝世界のチョン・ソンウォン〟へと知名度を高めようとしている。

「SUGAはソロプロジェクトの『Agust D（※Agust Dは〝Daegu Town（テグ）のSUGA〟を逆さにしたもの）』に触れるまでもなく、地元の大邱を愛している。その大邱を代表するサッカー界のアイドルであり、人気も実力も一流のチョン選手を年下ながらリスペクトしています。チョン選手も『サッカーを始めるきっかけはパク・チソン選手の2002年W杯での活躍を見てからですが、地元・大邱の大スターはBTSのSUGAさん。僕なんか足元にも及ばないけど、いつかはSUGAさんのように世界で活躍したい』と、こちらもSUGAを大リスペクトしてますよ」（同前）

そんなチョン選手は先ほども触れた通り、K‐POPアイドルを彷彿とさせる端正なルックスとお洒落なヘアスタイルで、Instagramのフォロワー数60万人を超えるインフルエンサーの一人。まだ韓国A代表の経験はないが、いつ呼ばれてもおかしくないといわれている。

「もちろん実力はあっても、まだ〝ルックス先行〟の人気であることは否めません。また大邱出身の大スター・SUGAにちなんでか、海外のファンからは〝BTSにいてもおかしくない〟と言われますが、そのたびにチョン選手は『SUGAさんに申し訳ない……』と恐縮しているそうです」(同前)

確かにそれは本人も恐縮するだろう(苦笑)。

『大邱には自分のルーツがあるし、大邱を背負うチョン選手はもちろん応援してます。
皆さんもご存じの通り、BTSのメンバーは全員が地方出身。
だからそれぞれのアイデンティティを持っていて、
ソウルの生活が長くなればなるほど、地元への愛が強くなっていく』〈SUGA〉

地元・大邱を愛する者同士、SUGAとチョン選手に通じる気持ちはアツいに違いない。

SUGAが感じていた〝アメリカ進出〟の大きなプレッシャー

クールで何事にも動じないように見えるSUGAだが、実はBTSのアメリカ進出の際に〝最もビビっていたメンバー〟といわれている。

「SUGAはビビっていたというより〝慎重派〟なだけで、**『もし失敗したらどうしよう?』『失敗した場合、どんな活動をしていこう?』**……と、先回りして考えすぎていただけです」(K・POPライター)

今では新曲をリリースするたびにビルボードHOT100の1位に輝き、またグラミー賞での単独パフォーマンスも板についているBTS。

彼らが世界のトップアーティストの一組に名を連ねるようになったのは、やはり2017年から本格的なアメリカ進出を始めてからだ。

そもそもは2016年にリリースした2ndフルアルバム『WINGS』が、当時のビルボード・アルバムチャートで韓国人最高の26位を記録したことがきっかけで、翌年の〝ビルボード・ミュージック・アワード2017〟でトップ・ソーシャル・アーティスト賞を受賞。

韓国人のグループとして、初めて授賞式に参加したことで〝手応え〟を掴んだ。

〝トップ・ソーシャル・アーティスト賞〟を後押ししてくれたのは、もちろん世界中のARMYに他ならない。

SUGAは当時を振り返り――

『ARMYに押し上げてもらっただけで、自分たちの実力が賞に相応しいかどうか、それは自分の中ですごく大きな葛藤でした』

――と語る。

『自信を持って「獲りました!」とはなかなか言えない。
ARMYが獲らせてくれたことは本当に感謝しかないけど、
授賞式でベールを脱いだ自分たちが、
アメリカの音楽ファンに〝何だ、こんなものか〟と思われはしないか……。
それは自分たちのパフォーマンスや音楽性にいくら自信があっても、
決めるのは彼らだからね』〈SUGA〉

そもそもＳＵＧＡは、デビューした当初――

『韓国で音楽番組の1位、単独コンサートまで達成したら、
自分は歌手としての人生が終わると思っていた』

――と、何とも不思議な気持ちを明かしていた。

『それは今までの歴史を見てもアイドルの寿命は長くないし、
ある程度までの目標を達成したら、
「自分は歌手としての人生を終え、
プロデューサーに転身するしか生き残る道はないと思っていた」――って意味です。
韓国で歌番組の1位、単独コンサートを開催したら、
後は新人の後輩に抜かれて落ちていくだけだろう……と（苦笑）』〈ＳＵＧＡ〉

しかし神様は、そんなＳＵＧＡにさらなるプレゼントを用意していてくれた。
それがＳＵＧＡの『人生設計にはなかった』アメリカ行きだ。

『事務所やRMは狙っていたと思うけど、僕はもしスポットライトが当たるなら、BTSを解散した後の第2の人生だと期待していたんです。

もちろんBTSでも売れたいけど、いずれはアイドルを辞める時が来る。

さっきから言ってるように、

「プロデューサーとしてスポットライトが当たる人生を目指そう!」――とね』〈SUGA〉

2017年11月、BTSはアメリカの4大音楽賞の一つ、アメリカン・ミュージック・アワード(AMA)の授賞式に招かれる。

最優秀アーティストにブルーノ・マーズが、そして最優秀ポップ・ロック男性アーティストにも同じくブルーノ・マーズ、女性アーティストをレディー・ガガが受賞する姿を、SUGAは目の前で目撃する。

『スゴいでしょ?
僕らはその同じステージで『DNA』をパフォーマンスしたんですから(笑)。
でもいざ本番になると目の前が真っ暗になって、
マイクを持つ手が震えるくらい緊張していました』〈SUGA〉

そこでＳＵＧＡは、アメリカ進出の本当の恐ろしさを改めて知ることになる。

『ＡＭＡの授賞式で単独パフォーマンスをした韓国人アーティストは僕らが初めてで、そのプレッシャーはそれまでに感じたことがないほど大きかった。

「僕らは今日、アメリカの音楽界に正式にお披露目されたんだぞ」――って。

ここからがＢＴＳの新たなスタートだとわかりすぎるぐらいわかっていたので、その日はホテルに帰って泣いてしまいました。

大きすぎるプレッシャーが怖くて、耐えられなかった。

非常にありがたくて光栄なことでしたが、

その一方では「アメリカ進出は本当に自分たちが望んでいることなのか？

こんな怖い世界でやっていけるのか？」――と』〈ＳＵＧＡ〉

どうやらあまりにも大きなプレッシャーが、ＳＵＧＡを一時的に弱気にさせてしまったようだ。

「翌年にはBTSの中で誰よりも強く『〝ビルボード1位〟〝グラミー賞でのパフォーマンス〟を叶えなければいけない目標』――として豪語していますから、そんなSUGAに〝壊れそうになるほどビビっていた〟時期があったとは誰も思わないでしょう」(同前)

さらにSUGAは――

『アメリカの音楽市場ではラジオのリクエストが重要で、ARMYがたくさんリクエストしてくれたことによって、僕たちの存在が知られるようになった。

ARMYがDJや番組にリクエストや手紙を送ってくれなければ、僕らのアメリカ進出は成功したかどうかわからない』

――と、後押ししてくれたファンへの感謝を忘れていない。

そう、SUGAがプレッシャーに打ち勝てたのは、何よりもARMYの後押しがあったからなのだ。

その絆がBTSに数々の〝史上初〟の快挙を成し遂げさせた大きな力となったことは間違いない。

SUGAが見つめる〝BTSの今と未来〟

先ほどのエピソードでSUGAは、当初はアメリカ進出に乗り気ではなかった理由として――

『それは今までの歴史を見てもアイドルの寿命は長くないし、
ある程度までの目標を達成したら、
「自分は歌手としての人生を終え、
プロデューサーに転身するしか生き残る道はないと思っていた」――って意味です。
韓国で歌番組の1位、単独コンサートを開催したら、
後は新人の後輩に抜かれて落ちていくだけだろう……と』

――などと、どこか自分たちに対して〝俯瞰で眺める〟タイプでもあることが垣間見えた。

「他の6人と同じようにSUGAもBTSのメンバーとして果たすべき役割を担いつつも、しかしステージに立つための準備に費やす時間に比べると、音楽をプロデュースする時間のほうが圧倒的に長いといわれています。彼は韓国でも日本でもアメリカでも、どこの国にいても専用の音楽機材をホテルの部屋で広げ、いつも頭を抱えながら音楽に向き合っています。そんなSUGAだからこそ、他の人には見えない〝BTSの未来〟が見えるのではないでしょうか」(韓流ウォッチャー氏)

かつてSUGAは――

『BTSの人気にもいつか終わりが来る』

『BTSという飛行機が墜落することを考えるのは怖くてたまらないけど、でもちゃんと空港に着陸することが出来るならば(未来は)怖くない』

――などとドキュメンタリー映画で発言。

この言葉に一部のファンは「SUGAはBTSを終わらせるために活動しているの?」と、言葉尻を捉えて色めき立った。

「〝終わらせるために〟とは言いませんが、SUGAはいつも〝終わりが来る〟ことを覚悟しながら活動しているように感じました。そこで心配なのは、他のメンバーのモチベーション。SUGAというRMと並ぶ〝音楽の要〟が口にする言葉にしては、いささかネガティブな考え方に聞こえてしまいますからね」(同前)

確かに決して100%ポジティブなセリフとは思えないし、中にはあまり気分が良くないメンバーもいただろう。

しかしSUGAは、常に——

『今どんな音楽を作ればいいのか?
どんなメッセージを届ければよいのか?』

——を考えながら、自分の時間のほとんどをBTSと音楽に捧げている。

そんな人間が果たして、BTSの未来をネガティブに考えているとは思えない。

『SUGAの〝先を読む力〟、それはプロデューサーの絶対能力だと思う。
SUGAが「こうしたらいいんじゃないか」と提案してくれた企画は、
思わず〝なるほど!〟と唸るものばかりだから。
僕もプロデューサーの端くれとして、
SUGAはBTSの終わりを考えているんじゃなく、
グループとしても個人としても〝それぞれが成長する道筋〟を考えてくれていると思います』〈RM〉

『SUGAさんの頭の中は本当に「良い音楽を作ること」しかないから、
BTSに「こんな曲を歌わせてみたい」と思わせるような、
そういう自分たちでいなきゃいけないんじゃないかかな』〈V〉

RMやVだけではなく、メンバー全員、プロデューサーとしてのSUGAにも全幅の信頼を置いている。

またSUGAは、かつて新曲のカムバックショー（※新曲リリースに伴うテレビ出演）で――

『好きな音楽だけをやれる機会はそうそうありません。
BTSがアイドル、流行歌謡曲のジャンルで、やりたい音楽が出来ていることを、
僕たちはもっともっと〝幸せ〟だと思わなければならない。
僕たちは天才ではないから、誰よりも努力をしなければいけない。
そうしないと、この〝幸せ〟を長く噛み締めることが出来ない』

――と、BTSに対する戒めにも似た〝愛〟を語ったことがある。

BTSのメンバーがデビュー以来、世界のスーパースターになっても〝謙虚〟だと言われていること、変わらずに日常を送れているその裏には、実は〝BTSの今と未来〟を俯瞰の目で眺め、肝心なところでメンバーにアドバイスをする、SUGAの存在があるからではないだろうか――。

3rd Chapter

JIN on Backstage

素顔のJIN

JINが振り返る"練習生時代～今の自分"

練習生時代、こと歌とダンスに関しては――

『1どころか0からのスタートだった』

――と振り返るJIN。

しかもそれは、今もって克服出来ていないとも語る。

『他のメンバーがごく当たり前のようにこなせることが、僕にとってはかなり難しい（苦笑）。
たとえば、みんなは1日で振付を覚えて音楽に合わせて踊れるけど、
僕にはもう少し時間が必要になってしまう。
アマチュアならそれが笑い話になるけど、プロの場合はそうはいかない。
チームの負担にならないように、みんなよりも1時間早くスタジオに入ってレッスンを受けたり、
1時間遅くレッスンを延長したり。
努力に勝る解決法はないから、とにかく一生懸命にやるしかない』〈JIN〉

しかし歌に関しては、BTSがデビューした頃と比較してみても、飛躍的に成長していると多くの専門家が評価をしている。


『誰がそんなことを言ってくれてるの（笑）？

僕は自分の歌について、まだまだ成長しなきゃいけないと思ってるのに。

これはあくまでも僕の考えだけど、
歌手にはファンや観客に歌を届け、それを〝喜び〟に変える使命があると思うんです。

職業として歌手を選んだのであれば、それは最低限の義務でもあります』〈JIN〉

BTSがツアーを始めた頃、JINは『その役割を果たせていなかった』と言う。

またSUGAも――

『JINは歌に自信がないから、それがダンスパフォーマンスにも影響を与えていた』

――と認めている。

しかし徐々にではあるが、JINのひたむきな努力がファンや観客に伝わるようになっていく。

『僕の歌に何を感じてくれていたのかわからないけど、ツアーを続けるうちに、
観客の皆さんが僕のパフォーマンスを喜んでくれていることに気づいたんです。
そうすると観客との一体感というか、同じ時間と空間を共有している皆さんの胸に、
もっと僕のパフォーマンスが響くようになっていった。
ステージに立つ一番の醍醐味はそこで、歌であれパフォーマンスであれ、
観客の皆さんとコミュニケーションが取れるようになってから、
新たな楽しみを感じるようになりました』〈JIN〉

だからこそJINは、昨年からツアーが出来ないもどかしさをひしひしと感じている。

『それは僕だけではなく、他の6人も同じですよ。
ツアーが出来ないから、全員が喪失感や無力感のドン底にいました。
「自分たちには何も出来ない。やりたくても出来ない」気持ちは、
デビューして初めて味わった地獄でしたね（苦笑）』〈JIN〉

だが「自分たちには何も出来ない」からこそ、気づいたことや新しい発見もあったのだ。

『それまでのツアー中は、自分自身について深く考えたり向き合ったり、
そんなことを考える余裕がありませんでした。
一つのライブが終われば反省会を行い、
全員がバージョンアップして次のライブ会場に向かう――
その繰り返しで何ヵ月も過ごさなければいけなかった。
でもこうしてツアーを行えなくなって、
自分が求めていることや本当の自分について改めて向き合い、
自分自身を愛する方法を学んだんです。
寝る時間も増えて、そのおかげで毎日の充足感を得られるようにもなった。
運動にもチャレンジしたら、実は僕は体を動かすことが大好きだと気づいたんです（笑）』〈JIN〉

そうやって鋭気を養うことで、JINの心には余裕が生まれた。

『今の自分たちを冷静に眺めてみると、自分たちがやりたい大半のことをやらせてもらえるだけの、それだけのポジションにはいられていると思います。

実は僕たちはこれまでに何回か「今がキャリアのピークだろうね」――と、話し合ったことがあるんです。

でもそれは結局、次のピークの序曲にすぎなかった。

次から次へと〝ピークもどき〟がやって来て、そのたびに頂点にたどり着いた気持ちになりました。

僕らの本当のピークはいつになるか、自分たちでもまったく見通せないのが本当のところですね。

あとさっき「やりたい大半のことをやらせてもらえる」と言いましたけど、交際宣言や結婚宣言はダメでしょう。

誰もその予定はありませんが（笑）』〈JIN〉

練習生の頃、ライブ会場に1000人の観客を集めれば『人生の夢が叶ったような気分になれた』というJIN。

今は1000人の百倍、10万人を動員する会場も一瞬で完売させるBTS。

次にJINの夢は、一体どこに向かおうとしているのだろう――。

『解散も考えた』――JINの爆弾発言に隠された〝真意〟

今や世界で最も注目されるボーイズグループのBTSだが、アメリカ進出や世界ツアーを成功させてからも、決して順風満帆の船出を楽しんでいただけではない。

ファンの皆さんを心配させたのが、2018年『Mnet Asian Music Awards（MAMA）』大賞の受賞スピーチでの――

『今年の初め頃にかなり辛い時期があり、解散も考えた』

――というJINの爆弾発言だった。

「もう3年前と笑い飛ばすのか、まだ3年前と不安になるのかは皆さん次第ですが、現在とは比べものにならないとはいえ、BTSは世界的な成功を手中にしていました。それだけにかなりショッキングだったのは間違いなく、しかもそれがリーダーのRMや逆に最年少のJUNG KOOKではなく〝最も大人〟のJINが口にしたからこそ、発言の信憑性に疑いの余地がなかったのです」（韓流ウォッチャー氏）

最年長のJINは、それまでにもリーダーのRMをはじめグループでは年長にあたるSUGAやJ‐HOPEを尊重し、一歩引いたスタンス、つまり彼ら3人の意見を『それでいいと思うよ』と太鼓判を押す役割を担っていた。

「そもそも〝今年（2018年）の初め頃〟といえば、BTSは〝Billboard Music Awards〟2回目のトップ・ソーシャル・アーティストを受賞し、アメリカでの注目度が急激に高まっていた頃でした。当時のBTSはイケイケのはずで、実際2018年を境にもう1つ上のステージに上がった感があります。しかしその舞台裏では、まさか解散に直面するような出来事が起こっていたなんて。ファンの多くは〝あのJINが告白したのは、もう危機が去っているからだ〟とむしろ好意的に受け止めてはいたものの、いつ再燃するかわからない不安はずっと燻っていた気がします」（同前）

他人同士、それもグループ結成のために集められたメンバー同士なのだから、多少の衝突はあって然るべきだろう。

また個々のモチベーションや目的意識を、グループの形で長期間保つことは難しい。

「JINはもともとアイドルや歌手を志していたわけではありません。高校2年生の時にキム・ナムギル主演のドラマを見て〝本格的に俳優を目指してみよう〟と一歩踏み出した人間です。建国大学演劇映画科に進学する準備をしていた時に現在の所属事務所にスカウトされ、学業との両立を条件に練習生になった。他のメンバーやアイドルの多くがオンライン大学に進学するのに対し、JINはBTSで唯一、一般の大学に通学して大学院まで進んでいます」(同前)

つまりJINは、有り体に言えば〝一般的な大学生としての社会性も身につけている〟ということだ。

「メディアにおける個人活動が他のアイドルグループに比べて少ないBTSの中で、JINは積極的にバラエティ番組に出演。いわゆる韓国風の〝親父ギャグ〟を連発し、ルックスに自信があることをあえて強調する〝ナルシストキャラ〟で笑いを取りました。でもそれは彼が『**グループとして誰かが背負わなければならない役目。みんなの性格を見れば、僕がやるしかない**』——と、バランスを取る役割に立候補したからなのです」(同前)

デビューからしばらくの間、ほとんどのグループがひとつ屋根の下で寝食を共にする韓国のアイドルグループ。そこには特殊な〝兄弟〟〝姉妹〟のような関係性が生まれるが、一方でパフォーマンスや楽曲制作面でのリーダーとは別に、正しい共同生活を送るためのリーダーも必要だ。

パフォーマンスや楽曲はリーダーのＲＭが引っ張るが、生活面を引っ張るのは誰か?

みんなの〝あまりやりたくない〟仕事を引き受け、ＢＴＳというグループのバランスを取る男。

最年長だからと威張り散らかさず、それぞれの主義や主張を受け入れる器量を持つ男。

言うまでもない、ＪＩＮのことだ。

『そんなに難しいことはしていないけど、

6人それぞれと同じ目線と立場で意見を交換するようにしてきただけ。

それと、どうしても若いメンバーは自分を愛してくれるファンだけにメッセージを発しがちだけど、

僕はBTSに興味がない人に対してもメッセージを送り、興味を持ってもらえるように務めてきた。

〝バランス〟といってもいろいろあるからね』〈ＪＩＮ〉

所属事務所HYBE会長でプロデューサーのパン・シヒョク氏は、かつてJINについて――

『デビュー前から変わらず、常識的な感覚を持ち続けているメンバー。
他の6人が常識から悪い意味で逸脱しないように、いつも力を貸してくれている』

――と、その人柄を評価した。

『僕が2018年に言ったセリフは、
バラバラの7人がようやくまとまった、
アイドルグループとしてマトモになった〝自信〟から出たセリフ。
絆は簡単には生まれないけど、一度固く結ばれたらそう簡単にはほどけない。
あの年に初めて、「僕はBTSをやり続けよう」――と自信を持って決心したんですよ』〈JIN〉

人気アイドルであればあるほど、一般社会とは隔離された環境で〝特権意識〟を持ちがちだ。
それは周囲の大人にも大きな責任があるが、BTSの場合は最年長メンバーのJINが〝一般人の感覚を失わない〟姿を見せてくれることで、グループ全体のバランスをキープするように導いているのだ。

JINが積み重ねてきた〝自分を愛する努力〟

「170㎝台後半の身長に、9頭身から10頭身はありそうな体型、そして端正な顔立ち。JINが〝ワールドワイド・ハンサム〟と言われるのはよくわかります。でも自然発生的にワールドワイド・ハンサムと呼ばれるならともかく、発信源はJIN本人ですからね。まあ〝ナルシストキャラ〟にはちょうどいいエピソードですが（笑）」（K-POPライター）

このところ韓国のドラマ界では〝webコミック〟を原作にしたラブストーリーが定番のジャンルになっているが、たとえば世界中で11億ページビューを越えている『恋はチーズ・イン・ザ・トラップ』では、主人公のホン・ソル（演 キム・ゴウン）と交際する完璧スペックの先輩ユ・ジョンを演じた俳優のパク・ヘジンが「原作そのもの！」「ユ・ジョン先輩が実在した」などと支持を受け、大きな話題になってドラマのヒットを後押しした。

「これは完全にオフレコですが、実はこの時、JINも有力な候補として水面下ではオファーが届いていたと聞いています」（韓流ウォッチャー氏）

ＪＩＮもパク・ヘジンに負けず劣らず、少女漫画の中から飛び出てきたかのようなビジュアルで、世界中のファンを魅了している。

「『恋はチーズ・イン・ザ・トラップ』は映画化もされているので、もしＪＩＮがオファーに向き合っていたら……と思いますよね。結局ＪＩＮは『**今は音楽に専念したい**』――と断ったそうです」（同前）

自分のことを〝ワールドワイド・ハンサム〟などと名付けるＪＩＮのナルシスト的発言には、こんな発言もある。

「韓国のアイドルがよく利用するライブ配信アプリ（ＶＬＩＶＥ）では、ＢＴＳのメンバーも積極的に配信を行っています。そこでもＪＩＮは『**画面に映った僕の顔を見ながら自画自賛しています。どうしてこんなにかっこいいのか**』『**朝起きたらすぐに鏡を見て「あ～本当にかっこいい。どうするんだ」と言ってから一日を始めます**』――などと発言していますね（笑）。でも一方では『**自信を持って1日を過ごすには、こうやって自分を褒める習慣を作ってください**』――と、見てくれているファンをポジティブに変身させようともしているんですよ」（同前）

実はそこにこそ、ＪＩＮの〝本当の姿〟が垣間見られるのだ。

「JINは生まれつきのナルシストであるかのように自分を賞賛していますが、そこには自分自身の才能や能力の限界としっかり向き合い、BTSのメンバーとして生きていく覚悟、そして自分を愛する努力を重ねてきた末に辿り着いた、自分を鼓舞する〝捨て身の精神〟があるのです」(同前)

これまでにもお話ししてきたように、JINは自分が〝ヒップホップをメインとするアイドルグループのメンバーになる〟など、描いていた未来予想図には1片も載っていなかった人間だ。

しかも事務所にはラップと楽曲制作に長けたRM、SUGA、ダンスも歌も何でも出来るオールラウンダーのJUNG KOOK、前向きで上級ダンサーのJ-HOPEなど、若き才能が集まっている。自分にコンプレックスを抱かないほうがおかしい。

『まず自分自身を愛さなければ、僕は一歩も前に踏み出せなかった。
人生には上手くいくこともいかないこともあるけど、
上手くいかないときに自分を責めるのではなく、
そこで学んだことで「次はもっと上手く出来るはずだ」と前向きになれる。
そして上手くいったら、自分自身を――
『よくやった! やっぱり僕はすごくいい人間だ。僕は最高だ!!』
――と自信に変え、自分自身をもっともっと愛するようになって欲しい』〈JIN〉

ＪＩＮは理由もなく自画自賛しているわけではない。
自分を愛する努力を結果に結びつけてきたのだ。

『僕はいつも「自分の能力を出し切って頑張らなければならない」と、
プレッシャーをかけてきたけど、
ＪＩＮさんに会って物の見方や考え方がずいぶん変わりましたね。
まず〝自分を愛する〟――。
それはすごく大切なことです』〈ＲＭ〉

『昔は楽観的なＪＩＮさんとは性格が合わなかったけど、
今ではＪＩＮさんのように〝いつも幸せでいること〟が正解だと思うようになりました。
僕もＪＩＮさんのように、もっともっと自分を愛したい』〈ＪＩＭＩＮ〉

自分自身と向き合い、自分について深く考え、自分について悩む――そんなストイックなメンバー揃いのBTSに、JINがもたらせた『LOVE MYSELF』のポジティブシンキング。
完璧な人間など決していない。
完璧ではなくても、たとえ不完全でも――

『自分を愛することだけは絶対にやめない』

――そんな精神を持っていれば、JINのように笑顔で過ごせるだろう。

〝メンバーと一緒に楽しめるようになった〟JINの気持ちの変化

BTSにとって、ビルボードはビルボードでもアメリカの〝HOT100〟こそがメインステージ。

しかし実は7月28日に公開された（集計期間：2021年7月19日〜7月25日）ビルボードジャパン総合ソングチャート〝JAPAN HOT 100〟で、一つの偉業を達成していたことはほとんど報じられていない。


「この週の〝JAPAN HOT 100〟では、BTS『Permission to Dance』が先週の2位からアップして1位を獲得しました。そして『Butter』は先週同様に3位だったのですが、実は2位とはわずか10ポイント差と、惜しくもワンツーフィニッシュを逃したのです」

（J-POPプロデューサー）


この1位と3位のフィニッシュは、もちろん偉業でも何でもない。

BTSが2位に退け、僅差の3位まで迫っていたのは、KinKi Kidsの新曲『アン／ペア』だったのだ。

「KinKi Kidsといえば、デビュー曲から初登場1位記録を更新し続け、この43枚目のシングルもオリコンチャートでは初登場1位を更新しました。しかしオリコンと違いビルボードはCDシングルの売上げ枚数にとどまらず、ダウンロード、ストリーミング再生、動画再生、ラジオオンエア、ルックアップ、Twitterなど様々なヒット指標を総合してランキングが決まります。KinKi Kidsはサブスクや動画再生など解禁していないサービスもあるので不利とはいえ、チャートイン3週目の『Permission to Dance』がKinKi Kidsの初登場1位を阻んだことは、J-POP界では十分な偉業と評価されているのです」(同前)

しかも前週、BTSは同じジャニーズ事務所のSnow Manの初登場1位の前に敗れ去っているのだから、よりBTSの息の長さが際立っている。

「BTSは日本市場向けに日本語詞の楽曲をリリースしてきましたが、韓国語詞の楽曲も日本ではセールスが上がります。それでも今のように本当の意味での世界的スターに君臨することが出来たのは、やはり英語詞の『Dynamite』が大ヒットしてからです」(同前)

だがその『Dynamite』以降の驚異的な成功は、奇しくも新型コロナウイルスの世界的なパンデミックと重なり、ナイーブなJINは『ヒットしたからといって素直に喜べない僕らもいる』と本音を明かしてくれた。

『ARMYの中にもパンデミックで苦しんでいる人もいるし、
でもそんなARMYが『Dynamite』や『Butter』、
そして『Permission to Dance』を聴いて励みにしてくれているとしたら、
それ自体はすごく嬉しいよ。
でもヒットしたからといって、
パンデミックの状況を考えたら素直に喜べない僕らもいる』〈JIN〉

特に2曲目の英語詞『Butter』が大ヒットしている最中は――

『自宅から仕事に行って、どこにも寄らず誰にも会わずに帰ることの繰り返しだったので、
『Butter』が本当はどのように受け止められているか、
まったく実感が湧かなかったですね（苦笑）』

――と振り返る。

『選んで頂いたすべての授賞式がリモートやオンラインになったので、
実際に会場で受賞したり、雰囲気を感じることがまったく出来ない。
それに僕は他のメンバーと違ってインターネットをあまり使わないので、
世間の反応からも取り残されていた（笑）。
でもそのおかげで、楽曲がヒットしたプレッシャーも感じないし、
以前は緊張して仕方がなかったプロモーション期間も、
メンバーと一緒にラフに楽しめるようになりました。
そういう意味では少し助かってます』〈ＪＩＮ〉

実はその『Ｂｕｔｔｅｒ』をリリースする際、ＪＩＮは『Ｄｙｎａｍｉｔｅ』のヒットを受けて
少しナーバスになっていたようだ。

『失敗できないというか〝したくない〟気持ちが強すぎて、
一日気持ちを整理し、リセットする準備が必要だったんです。
根を詰めて仕事をするには体力が必要だし、忙しすぎたら心も体も疲れてしまう。
だからあえて自分の中で1日24時間をスケジューリングして、
今日やりたくても寝る時間が来たら明日に回したり、
強制的に運動をする時間を取り入れたら、
その規則正しさが心地良くなっていった。
その状態のまま『Butter』から『Permission to Dance』へと
繋がっているので、今は本当に快適に過ごせています』〈JIN〉

パンデミックによって、BTSの仕事に対する考え方やスタンスに『余裕が出ている』と感じるJIN。

そこにはまた〝新しい音楽〟が生まれそうな、そんな予感がする――。

〝入隊〟へのJINの素直な想い

BTSファンにとって悩ましい問題が、メンバーの兵役入りだ。

「アイドルグループに限らず人気俳優も、脂が乗り切った年令で入隊の壁にぶつかります。これは健康な韓国人男性は避けられない義務で、国際大会の優勝など国の威信を高めて兵役を免除された者以外、28才の年令までにおよそ20ヶ月の兵役に就かねばなりません」（韓流ウォッチャー）

しかし昨年末、韓国の国会は兵役法の改正案を可決した。

それによると関係官庁の文化体育観光部が推薦する〝特定のポップスター〟について、兵役を2年間先送りすることが出来ることになったのだ。

「これは明らかにBTSをターゲットに改正されたもので、市民の間では〝BTS法〟なんて呼ばれてます。昨年末のギリギリで改正されたのは、同じ時期に28才になったJINが今しばらく活動を続けられるようにするため。またSUGAも今年の3月に28才になり、J・HOPEは来年の2月、RMは来年の9月に28才になります」（同前）

韓国では昨年末の兵役法の改正前にも、有名スポーツ選手やクラシック音楽家らに対し、兵役の免除や延期が認められてはいた。

「一方、2000年前後にカナダやオーストリアに移住するなどして兵役逃れをするスポーツ選手や芸能人が暴露され、市民からは〝非国民〟扱いを受けて大きなダメージを喰らいました。かつてドラマ『秋の童話』でイケメントップスターに上り詰めたソン・スンホンもその一人で、すぐさま謝罪会見を開いて入隊したものの、除隊してからは以前の勢いを取り戻したとは言い難いですね」(同前)

しかし兵役法の改正案が大きな話題になった際、28才の誕生日を迎える直前だったJINは——

『韓国の青年として兵役は当然のことだと考えていて、これまでにもお伝えしている通り、国からの召集があればいつでも応じます。すでにメンバーたちとも話しているし、兵役には全員がちゃんと応じます』

——と、改めて姿勢を明かしている。

「所属事務所も一貫して『兵役関連はアーティストが明かしたこと以外、私たちが特に申し上げる言葉はございません』と、口をつぐんでいます。ですが〝そのせい〟とはいいませんが、韓国内では様々な予測が飛び交っているんですよ」(同前)

その代表的なものが、

「来年の半ばにBTSメンバーは同伴入隊すると思われる。最初はJINとSUGA、翌年にJ・HOPEとRMが同伴入隊し、マンネラインだけで活動する空白期を1年未満にする」

——という予測だ。

対象の本人不在のところで、周囲は様々な憶測をしているようだ。

『入隊したらグループ活動が出来なくて寂しいけど、

他のメンバーの活躍をインターネットで見ながら応援するつもりです。

テテは「入隊してもネットでも何でもARMYが見続けられるように、きっと上手くいく」

——と話していましたし、

JIMINも「BTSの一員でなくなることは考えていないから、また戻って頑張るだけ」

——と前向きで、入隊については当たり前に〝普通のこと〟と思っています。

見習わなければならないのは、

「入隊してもBTSを好きでいてもらえるように、その日が来るまで一生懸命に活動するだけ」

——と、JUNG KOOKが言っていたこと。

そう、その通りなんですよ』〈JIN〉

またJINは自分のモチベーションとして――

『パンデミックでツアーに行けなくなった時、
僕らはみんな喪失感と無力感に襲われ、悲しみに暮れていました。
その感情を乗り越えるのに時間がかかり、今はようやく前を向いて進んでいる。
そんな経験をした僕だから、入隊することなんて全然恐くない。
だってパンデミックのように先が見えないわけではなく、
20ヶ月先には除隊してステージに立てるんだから』

――とも語っている。

「おそらくはもう、具体的な日程が決まっているのでしょう。そう遠くない未来に」(同前)

ちなみにＡＲＭＹの中には「私たちはＡＲＭＹなんだから、私たちも入隊する権利がある!」と勇ましいファンもいるようだ。

いずれにしろ、いずれやって来るであろう兵役の義務。

それまでは余計な憶測などせず、ただ純粋にＢＴＳの音楽を楽しむことにしよう。

それがＪＩＮはじめ、ＢＴＳメンバーが望むことなのだから——。

4th Chapter

J-HOPE on Backstage

素顔のJ-HOPE

BTSを陰で支える〝裏のリーダー〟J・HOPE

デビュー8周年を迎えた今年の6月、BTSはオンラインファンミーティング『BTS 2021 MUSTER SOWOOZOO』を開催、世界各地のARMYとの楽しい時間を過ごした。

「オンラインのライブとはいえ、15曲もの楽曲を披露。日本の常識では立派なオンラインコンサートです」（音楽関係者）

そのステージの合間にはファン参加型のイベントも組み込まれ、世界的な大スターになってもなお、彼らは常に〝何をすればARMYが喜んでくれるか?〟を第一に考えている姿勢を示してくれたのだ。

「またファンを喜ばせてくれたのが、家族のように仲が良いといわれるメンバーたちの〝今も変わらぬ姿〟が垣間見れたところです。ARMYの間では『クサズ（RM&J・HOPE）』や『クオズ（V&JIMIN）』、『SIN（JIN&SUGA）』『VOPE（J・HOPE&V）』『グテ（V&JUNGKOOK）』などの組み合わせが人気ですが、本人たちもそれを意識したSNSを上げてくれています」（同前）

中でもJ‐HOPEは、リーダーのRMとの関係はもちろんのこと、〝マンネライン〟と呼ばれる年下の3人組（JIMIN・V・JUNGKOOK）との兄弟のような関係が常に話題の的になっている。

『まず先に言っておくけど、僕は僕以外の6人、全員と仲が良いからね。
そういう風に言われると、年上のJINやSUGAとは仲が悪いように聞こえる（笑）』〈J‐HOPE〉

もちろん年上のJIN、SUGAとも仲が良いのは言うまでもない。

『僕とRMは1994年生まれで年令的にも真ん中だし、
上と下を繋ぐ役割は常に意識していましたね。
韓国は年令の序列がハッキリしていて、
8年前は最年長のJINと最年少のJUNGKOOKが、
対等に話せるような関係ではなかったから。
RMはリーダーで全体をまとめなきゃいけないし、
細かい配慮を僕が担当するようにしてからは、自然とマンネラインの兄のようになっていた。
今は全員が兄弟になってるから遠慮はないけど』〈J‐HOPE〉

特にBTSが爆発的に売れる前から、グループのパフォーマンスを引っ張るJ‐HOPEとJIMINの『ホプミン』は、合宿生活のルームメイトとしてもARMYから広く認知されている。

『JIMINは僕のいないところで、

「兄さん（J-HOPE）は僕がいないと生きていけない」――ってよく言ってますよね。

確かにJIMINは性格もいいし、明るいし、優しい。

本当の弟のように兄の言うことを聞いてくれて、僕が何か頼む前に察するぐらい気が回る。

それでいてパフォーマンスは激しく大胆。

全然文句はありません』〈J-HOPE〉

どうやら〝兄〟のくせに、甘えているのはJ-HOPEのほうらしい（笑）。

「2人は揃ってバラエティ番組に出ることも多いのですが、韓国のバラエティの定番〝職業モノ〟での活躍も目立ちます。いわゆる〝リアリティーショー〟の一つですが、スターがデリバリーやスーパーで実際に働く姿を捉えるバラエティ番組では、J-HOPEとJIMINは誰よりも真剣に取り組み、お互いに支え合うシーンがいつも好評です。またトークバラエティ番組でも、スタジオに音楽が流れると先陣を切って躍り出し、韓国バラエティの〝お約束〟をしっかりと果たすコンビとして重宝されています」（同前）

そんな〝反射神経〟についても、J‐HOPEはこんなことを語っている。

『僕とJIMINがバラエティ番組を好きなこともあるけど、一番はずっとルームメイトでいられたほど性格が合うからで、お互いが瞬間に思いつく行動が似てるからだと思います。そして当時は部屋に帰ってから反省会もしていて、「今日のあそこはもうワンテンポ早く出なきゃいけなかった」「逆にもうワンテンポ遅いほうが見てる人の（心の）準備にハマってウケたはず」――とか、その日の悩みはその日のうちに解決してましたね』〈J‐HOPE〉

ほとんど〝お笑いコンビ〟の日常ではないか（笑）。

また一方、同じマンネラインへの接し方についても、Vに対しては〝兄〟というより〝母〟に近いとの声もある。

J-HOPEは――

『JIMINもVもJUNG KOOKも、それぞれがオリジナルの人格を持った人間。当然、接し方もそれぞれに合わせたものじゃないと』

――と話していて、中でもVについては、

『誰よりも〝褒められて伸びる〟性格だから、気持ち良く仕事が出来るように導いてあげたい』

――と話している。

「わかりやすくストレートな表現で絶賛し、いつもVの気分をアゲてくれるのがJ-HOPEなのです」（同前）

RMが表のリーダーならば、J-HOPEは〝裏のリーダー〟？

そんな思いすら感じるエピソードではないか。

J-HOPEの〝HOPE〟に込められた想い

本名チョン・ホソク(Jeong Ho-Seok)の頭文字〝J〟に、希望の〝HOPE〟を付けたJ-HOPE。

いつも明るい彼の性格は、文字通り〝BTSの希望〟的存在として、メンバーの良い雰囲気を作り上げてくれている。

「リーダーのRMはJ-HOPEに絶大なる信頼を置き、インタビューでは『**僕じゃなければ、J-HOPEにリーダーを任せる**』――と、これまでに何度も断言しています。まさに彼こそがBTSの影の大黒柱であることの証拠ですが、だからこそドキュメンタリーで明かされた〝過去〟は、ARMYに衝撃を与えたのです」(韓流ウォッチャー氏)

J-HOPEといえば、日本のアイドル用語ではグループの〝ダンス番長〟であり〝ファッション番長〟でもあるが、常にメンバーのバイオリズムを気にかけ、落ち込んでいたりテンションが低い時には、J-HOPEのひと言がポジティブな笑顔を取り戻す魔法をかけてくれるような、そんなムードメーカーとして知られている。

しかしそんな彼が練習生時代に事務所から「将来はない」と宣告され、脱退を考えていたことがドキュメンタリー『BTS Burn the Stage』で明かされたのだ。

『ドキュメンタリーで話したように僕は練習生を辞めるつもりだったし、
RMとJUNG KOOKが必死に止めてくれなければ、
今頃は地元（光州広域市）でダンスを教えているか、
ストリートファッションの店を開いているか……
いずれにしてもソウルにはいなかったんじゃないかな。
田舎者には大都会すぎて（笑）。
でも現実には僕はBTSのメンバーで、
だから僕のHOPE（ファン）たちには安心して応援して欲しい』〈J-HOPE〉

〝もしBTSにJ‐HOPEがいなかったら……〟と考えただけでゾッとするが、RMやSUGAに言わせると、練習生時代の、まだ〝J‐HOPE〟になる前の〝チョン・ホソク〟は『決して今のようなキャラクターではなかった』とも言うではないか。

『〝J‐HOPE〟という名前が彼を変えた。
人格が変わり始めた。
努力家だったのはそのままだから、
僕も彼がいなくなるのは大きな損失だと思って、事務所に残留を訴えたんだ』〈RM〉

『〝HOPE〟なんて付けられるほど、彼が希望的な人間だとは思ってなかった。
練習生の頃はいつも不安や心配事を抱えていたし、
性格もどんどん暗くなっていったしね』〈SUGA〉

同じ夢を追いかけてきたメンバーがそう言うのだから、ある意味ではチョン・ホソク時代のJ‐HOPEに対する事務所の評価は妥当だったのかもしれない。

「しかし僕らの間でよく言われているのは、初期のBTSが日本のマーケットに参入して成功した要因の一つには、J-HOPEの貢献度の高さがあったのは〝間違いない〟ということです。まだみんな日本語を上手く喋れない頃からJ-HOPEが身振り手振りでその場を盛り上げ、語学の習得能力の高さで誰よりも早く日本語に馴染んだからこそ、音楽番組や情報番組に出演してBTSの存在をアピール出来た。J-HOPEとJIMINが日本テレビの『PON!』に生出演したなんて、新しいファンには信じられないでしょう」(同前)

ちなみに『PON!』とは日本テレビの関東ローカル+東海ローカルだけで放送されていた平日午前の情報番組で、チープな(失礼!)サテライトスタジオからオンエアされていた。

当然だが今のBTSを出演させられるような番組ではない。

「どんな環境でもベストを尽くし、常にあの笑顔でBTSのポジティブなイメージをキープしています。いつものJ-HOPEが表に出るだけで、ファンは安心して見守ることが出来るのです」(同前)

だがそれは、果たして本人を壊したりはしないのだろうか。

『僕が少し元気が無かったり疲れたりしているだけで、
周りに大きな心配をかけることは感じています。
みんなが求めているのは〝いつも笑顔で明るく元気なJ‐HOPE〟だから。
そういう意味での重荷やプレッシャーを感じないこともないけど、
それは僕がチョン・ホソクではなく〝J‐HOPE〟の人生を歩んでいる間は、
永遠に背負わなければいけない宿命だと思ってます。
僕が芸名に〝HOPE、希望〟を付けたんだから、それは僕の責任でもあるよね』〈J‐HOPE〉

〝J‐HOPE〟の芸名を付け、自らのキャラクターを〝HOPE〟に寄せたチョン・ホソク。

それはBTSとしてデビューするため、自らが選んだ茨の道でもあるのか。


『ああ、勘違いさせちゃったら申し訳ないけど、
チョン・ホソクの僕は、ずっとJ‐HOPEのような人間になりたかったんだよ。

今、少なからずその夢が叶ってるし、ARMYに夢やHOPEを与えられる人間にもなれた。

だから僕がチョン・ホソクでいるのは、1日のうち無意識に眠っている睡眠の間だけ。

そのバランスが最高に幸せかな』〈J‐HOPE〉

J‐HOPEの本当の〝HOPE〟は「そうなりたい」と願うチョン・ホソクの〝HOPE〟だったのだ――。

J・HOPEが起こした〝事件〟

それはBTSのバラエティ番組『Run BTS!』と、韓国流に言うと〝ショートバラエティ番組〟の『出張十五夜』が初めてコラボレーションしたスペシャル番組での出来事だった。

「『Run BTS!』が他の番組とコラボするのは初めてで、しかも相手の『出張十五夜』も人気番組ということもあってか、放送前から視聴者の注目を集めていました。韓国では番組のプロデューサーが出演者としても番組の顔を務めるケースがあり、この『出張十五夜』も人気のナ・ヨンソクPD（※プロデューサー）が手掛けている番組でした」（韓流ウォッチャー氏）

BTSのメンバーはそのナ・ヨンソクPDとクイズやゲームで対決。

そして事件はクイズ問題に人物の写真が登場し、誰が一番早くその人物の名前を当てるかを争うコーナーで起こったのだ。

「出題されたのはアメリカでは〝深夜番組の帝王〟とも呼ばれる人気司会者で、トーク番組『Conan（コナン）』を担当するコナン・オブライエンでした。アメリカでの活動を多くこなしているBTSにとっては、ある意味かなり有利な問題。ところがJ-HOPEは彼の名前を『カーテン！』と自信満々に間違えてしまったのです」（同前）

コナンを〝カーテン〟とはかなり失礼な間違いで、その場にご本人がいれば大目玉を喰らうところ（苦笑）。

ちなみにコナン・オブライエン氏は人気司会者であり有名コメディアンでもあるTVスターだが、脚本家、プロデューサー、声優といったマルチな肩書きを持ち、今年で御年58才であるがまだまだ活躍の幅を広げている。

「J-HOPEもなぜ頭の中に〝カーテン〟が浮かんでしまったのか頭を抱えていましたが、普通は〝オイシイ間違い〟で、その場の爆笑を取って終わる話です。何せコラボ番組は韓国の国内で放送していたんですから」（同前）

しかし残念なことに（？）番組がオンエアされたエンターテインメントチャンネルは、アジア全土への配信はもちろんのこと、インターネットやアプリ経由で世界中で視聴が可能だ。そしてアメリカのARMYも、かじりつくようにBTSの一挙手一投足を見守っている。簡単にいえば、アッという間にご本人の知るところとなったのだ（苦笑）。

「しかもタイミングが悪いことに、およそ28年間も続いたコナン・オブライエンの『Conan』が、この6月一杯で終了する直前の出来事だったのです。J‐HOPEの失言からわずか2日後の『Conan』で、コナンはおもむろに『**私はもうすぐ28年やってきたこのトークショーから引退する。私がこの世に何を残したのか、この地球に残した遺産は何なのかを。昨日、これに対する答えになりそうなものを見つけた**』と語り出すと、続いて『**BTSは韓国やアジアにとどまらず、今や世界最高のスーパースターだ!**』と〝ホメ殺し〟をしながら、〝J‐HOPEが彼の名前を間違えたシーン〟を流したのです」(同前)

神妙な顔でモニターを見つめるコナンは、そこで有名コメディアンの本領を発揮。

『彼は私を〝カーテン〟と言った。
私は韓国に行ったことがあるし、韓国でも人気があるはずだ。
それなのに〝カーテン〟と呼ぶなんて……。
おい、BTS! お前らを見返してやるからな!!』

——と捲し立てると、すぐさま冷静な表情に戻り、こう言った。

『いや、誰にもわからないように怒らねば。
なぜなら私には何かをする力はない。
今やBTSは世界を牛耳っていて、これから先も大きく成功するだろう。
しかし私は年老いているし、ここから去らねばならない。
BTSは気づかない。
これから長い間、1人で苦しみ続けるだろう』

――と語り、一変して笑い飛ばす。

いかにもコメディアンらしい、ネタに変えたのだ。

『いや本当にコナンさんには会って直接お詫びしなきゃいけませんね。
自分で言うのも何だけど、僕は勝手に思い込んじゃう悪いクセがあって……。
でもさすがアメリカの有名コメディアンだな～って、つくづく思いました。
ちゃんと笑いにしてくれたのは、なぜか嬉しかったです(笑)』〈J - HOPE〉

アメリカTV界の大物、コナン・オブライエン氏の名前を間違えたシーンがアメリカでも放送されたことで、またBTSの知名度も上がったといわれている。

水面下ではコナン氏が自分の番組への出演オファーを、J - HOPEにしたとか、しないとか――。

世界中の子どもたちへ──J‐HOPEの〝支援の心〟

「韓国でも日本と同じように5月5日は〝こどもの日〟なのですが、その前日の4日、J‐HOPEが韓国の〝緑の傘子ども財団〟を通し、暴力被害に晒されているアフリカ・タンザニアの児童のため、1億ウォン（およそ1，000万円）の寄付をしたことが明らかになりました。J‐HOPEはボランティア活動や寄付に前向きなBTSの中でも特に積極的で、継続的に寄付を続けているスターとして韓国では知られています」（K‐POPライター）

韓流スターの多くが高額所得の税金対策として〝不動産投資〟に走りがちな韓国の芸能界。ソウルの都心にビルと土地を丸々購入し、数年後には転売益を手に入れるスターが目立つ中、J‐HOPEはここ数年、かなりの規模の寄付を続けていることはARMYの間でも知られている。

「中には寄付をすることで税金対策にしているだけなどと陰口を叩く者もいますが、もともと世界的にも寄付とはそういうものです。それに彼は露骨な税金対策として寄付を行っているのではなく、**『社会にいろいろな形で還元することは僕たちの大切な役割のひとつ』**——と、善行として積極的に寄付を行っているのです」(同前)

J-HOPEの寄付活動は、公には2018年から始まっている。

先ほども名前が挙がった緑の傘子ども財団を通し、〝人材育成と入院中の子供のため〟に1億5,000万ウォン(およそ1,500万円)の寄付からスタート。翌2019年の2月には、母校の〝奨学金〟として1億ウォンを。同年12月にも〝患児の治療費〟として1億ウォンを寄託。2020年には新型コロナで困難を受けている〝危機家庭児童〟のために1億ウォンを寄付している。

「さらに今年2月18日の自分の誕生日に合わせ、障害児童に1億5000万ウォンを寄付。こどもの日の寄付を加えると、現在までの累計寄付金額は7億ウォン(およそ7,000万円)に上ります。また公にしていない災害被害に対する寄付もあるとの噂で〝個人で10億ウォン(およそ1億円)規模の活動をしているのでは?〟ともいわれています」(同前)

J-HOPEの寄付には〝HOPE〟の名前通り、主に弱者の子どもたちに手を差し伸べるような、そんな活動を行う信念を感じる。

中でも今年のこどもの日にちなんだ寄付は、韓国国内の問題に目を向けたものではなく、遠くアフリカのタンザニアで起こっている児童暴力被害、その予防事業の支援のために使われるものだ。

「暴力被害児童の被害申告から治療、法律および相談支援、証拠収集などを一つの窓口で体系的に行えるように、緑の傘子ども財団が開設したセンターに対する後援のようです。実はこの緑の傘子ども財団を支援する韓流スターは多く、J-HOPEの他にも東方神起のチャンミン、俳優のソン・イルグク、人気女優のキム・ユジョンらが、1億ウォン以上の高額寄付者として名前が並びます。ちなみにキム・ユジョンは当時1999年生まれの最年少として話題になりました」(同前)

緑の傘子ども財団のイ・ジェフン会長は、J-HOPEの継続的な後援活動で、

「社会的にも経済的に困窮する家庭と児童に対する関心が高まっている。J-HOPEを含むすべての後援者の方々の意を受け、支援が必要な国内外の子どものために全方位的に最善を尽くす」

——と、最大限の感謝を述べたそうだ。

『新型コロナのパンデミックで世界的に多くの人々が苦しんでいる中、
死角地帯に置かれている海外の児童にも、温かな分かち合いが伝わることを望んでいます。
国内児童の支援だけではなく海外児童のための後援をすることにしたのは、
やはりパンデミックが大きな理由。
それとパンデミックの後も世界中のARMYが僕らの音楽を聴いて、
支えてくれることに対する恩返しの気持ちもある。
世界で活動するなら、世界中に支援の目を向けなければ』〈J‐HOPE〉

世界がみんなJ‐HOPEのような人格になったら——。
争い事や奪い合いなど起こらないのではないか。

J‐HOPEが振り返る〝J‐HOPEの原点〟

この2年、世界を襲っているパンデミック。

BTSの姿を生で見られるチャンスは圧倒的に減ったが、しかし逆にメンバーからの〝発信〟は以前よりも増えているように感じる。

J‐HOPEもまた、積極的に〝自分〟を語ってくれるようになった。


『当たり前の日常生活が、どれほどかけがえのないものであるか——。

僕らはみんな、改めてそれを知る機会に恵まれたとも言えるんじゃないでしょうか。

これからのあるべき自分の人生と、こうした状況でも落ち着いて集中していることの大切さ。

僕自身は、自分について深く考える時間になりましたね』〈J‐HOPE〉

今、パンデミックを経験したからこそ、J‐HOPEは――

『一番得意なことをやるべき。
パンデミックの中でも時間は流れ、人生は進んでいく。
僕たちは音楽とパフォーマンスを続けなければならない。
人々の心を慰め、希望を与えられる音楽を作るべきだと率直に感じました』

――と、それが自分たちに与えられた〝使命〟だとも語る。

そんなJ‐HOPEの声に、メンバーたちも――

『人々にもっと共感してもらえて、もっと元気を与えられる音楽を作る。
それをもっともっとパフォーマンスとして見せていきたい』〈JIMIN〉

――と共鳴する。

『去年『Life Goes On』は、

〝パンデミックという状況で僕たちに何が出来るか？〟という問いかけから、
最初に生まれた楽曲でした。

パンデミックだからこそ語れるストーリーです。

楽曲を作るに当たり、
それまで以上にメンバー同士が感じていることを話し合うモチベーションにもなりました。

「昔と今はまったく違うけど、飾ることなくありのままの自分を見せたい」

――そう感じた時、なぜか練習生時代の自分をしきりに思い出したんです』〈J・HOPE〉

それはある意味、デビューの壁とパンデミック、乗り越えなければならない困難に立ち向かい、自分を信じてチャレンジを続ける気持ちが、状況は違っても共通しているからではないだろうか。

「今では信じられませんが練習生になった頃のJ・HOPEはラップ未経験で、人の何倍も努力することでスキルを身につけました。〝デキる〟メンバーの中に放り込まれ、〝デキない〟自分がどう生き残るか――そのプロセスこそがJ・HOPEの原点です」（K・POPライター）

練習生時代、他のメンバーが全員ラップ経験者であったため、合宿所の中で音楽が流れると自然にフリースタイルのラップバトルが始まったという。

未経験者のJ・HOPEは当然のように戸惑い、そんな環境に溶け込むことに苦労したそうだ。


『誰もが新しい環境に馴染むまで苦労しますが、
僕にとってはあの頃の環境が一番ヒドかった（苦笑）。

必死に努力して思いついたのは――

「メンバーのコピーになるんじゃなく、僕にしかないスタイルを見つけなければならない」

――ということでした。

そんな僕がここまで来れたのは、メンバーたちがいてくれたからこそ。

自分を見つめ直し、自分がやるべきことのヒントは、
いつもメンバーたちから与えてもらっています。

あの頃はとても楽しかった。

必死に努力することが、とても楽しかったんです』〈J・HOPE〉

私たちが想像するよりも練習生時代の生活は辛く苦しく、そして普通の生活とはかけ離れたものだっただろう。

同年代の少年少女たち、友人たちは楽しい学校生活を送り、放課後も連れ立って遊びに出かけている中、J-HOPEやBTSのメンバーはアーティストになるべく、24時間、自分が向上するための時間を過ごす。

それが自分の選択したキャリアだったにしても、生半可な気持ちでは耐えることが出来まい。

『僕には夢があった。

そして練習生時代にメンバーに出会えたのは、本当に素晴らしいことでした。

こんなにもバラバラで、出身も性格も違う人たちが一つのグループを作れるなんて、何よりも奇跡的だと思っています。

僕がその中の一人でいられることに対し、メンバーのみんなには心からお礼が言いたい。

そしてときどき、不思議とあの頃に戻りたくなるんですよ』〈J-HOPE〉

意外にもこのように感傷的になるのは、J‐HOPEに限ったことではないようだ。

『辛かったからこそ単なる記憶の1ページじゃない。
皮膚感覚として常に残ってるし、確かにたまに戻りたくなる』〈JIN〉

『もしもう一度練習生になったら、
説教ばっかり言ってたJ‐HOPEに仕返しがしたい（笑）。
でもなぜか、もっと説教して欲しくもなる。
あの懐かしい日々は忘れられない』〈V〉

これもやはり、パンデミックの影響が言わせているのだろうか。

『しばらくすると、世界中を苦しめたパンデミックすら思い出の一つになるかもしれない。
BTSはアーティストとして活動し始めた瞬間から、
ファンのみんなとコミュニケーションを取ってきたけど、
僕が自分を信じ、自分という人間に希望を抱いていること、
そして〝これが僕のアイデンティティだ〟ということを音楽や対話を通じて発信することで、
苦しんでいる人の勇気になりたい。
練習生だった頃の自分に立ち返り、一から〝自分に何が出来るか〟を考えながら、
これからもみんなに〝HOPE〟を届け続けたい』〈J‐HOPE〉

最後にJ‐HOPEは――

『そのためにはBTS全員が力を合わせること。
それがどうしても必要ですね』

――と、いつもの笑顔でメッセージを残してくれたのだ。

5th Chapter

Follow the tracks of BTS

成功への軌跡

K‐POP界から海外進出に成功し、全米NO，1ヒットを記録。

世界中で大ブレイクを果たしたBTS。

いまや名実共に〝世界的なアーティスト〟となったBTSのもう一つの呼び名は〝防弾少年団（バンタン）〟。

彼らのスタートは、韓国芸能界では弱小の新興プロダクションが企画した新人グループのオーディション企画〝防弾少年団プロジェクト〟だった。

RM（アールエム）、SUGA（シュガ）、JIN（ジン）、J‐HOPE（ジェイホープ）、JIMIN（ジミン）、V（ヴィ）、JUNGKOOK（ジョングク）――彼ら7人はいかにして集められ、どのような道を辿って現在の世界的アーティスト〝BTS〟へと駆け上がっていったのか。

そこには、光り輝く今の彼らの姿からは推し量ることができない、挫折、苦悩、葛藤、努力……様々な苦難を乗り越えた日々があった。

――BTSの軌跡――


ここでは、前作『バンタン流 防弾少年団 ―BTS On the Backstage―』(2018年5月刊)で記した彼らの軌跡を再び振り返ってみることにしよう。

〝防弾少年団プロジェクト〟から成功を掴むまでの彼らが歩んできた道程。

それは彼らの原点から現在に至るまでの道程。

彼らが辿ってきた道を共に歩むことで、BTSをより深く理解することができるはずだ。

そこには彼らの〝知られざる素顔〟もあるに違いない。

そしてそこからは、彼らの〝未来〟も見えてくるだろう――。

〝プロデューサー〟パン・シヒョクの独立

韓国芸能界には、絶大なる力を誇る〝3大芸能事務所〟が存在する。

その一つがシンガーソングライターのパク・ジニョン氏が代表を務め、これまでにgod、ピ（RAIN）、ワンダーガールズ、ジュ、2PM、2AM、miss A、GOT7、TWICEなどを育て上げたJYPエンターテインメントだ。

「JYPは1997年、パク・ジニョンが当時の所属事務所のデヨンAV（ポイボス）から独立して設立した〝テホン企画〟が始まりで、自身のセルフプロデュースだけではなく、他社のアーティストや女優兼歌手のプロデュースで成功を収めました。2001年に自らの名前（Park Jin-Young）からイニシャルのJYPを取って、〝JYPエンターテインメント〟に社名を変更します。2000年代の初めから海外進出を目論み、ロサンゼルスを拠点にプロデュース活動を展開して、後にピをアメリカでデビューさせました。また2008年にはSMAPにも『White message』という楽曲を提供しています」（韓国大衆誌記者）

そんなパク・ジニョン氏のロサンゼルスでのプロデュース活動が軌道に乗った頃、JYPエンターテインメントに所属していた一人の作曲家が独立し、自らの芸能事務所を立ち上げる。

その作曲家こそがBTSのプロデューサーであり、所属事務所ビッグヒットエンターテインメント代表

（当時）のパン・シヒョク氏だ。

「シヒョクが独立したのは2005年。すでにJYPは有力な芸能事務所に成長していましたが、シヒョクはその中で作曲家チームの一員として活動するよりも、〝自らの手でアーティストを育てたい〟という夢を持って独立。もともと、京畿高校からソウル大学という韓国社会では絵に描いたようなエリートコースを進んだシヒョクでしたが、作曲家として活動を始めた頃、代表にスカウトされてJYPに加わったのです」

当時、JYPエンターテインメントの社員だったキム・スヒョン氏は、パン・シヒョク氏の才能と野望に注目していたという。

「彼はそのままJYPに在籍しても、時が立てばトップアーティストのプロデュースを任され、成功を収めたに違いありません。しかし韓国芸能界を代表するプロデューサーが君臨する事務所では、そこまでのポジションに辿り着くまでに10年、いや20年は飼い殺しにされるかもしれない。まだ代表が自分をプロデューサーとして高く評価していないうちに円満に独立し、一日でも早く世に通用するアーティストを出すこと。それがプロデューサーとして、シヒョクが成功する唯一の道だったのです」（キム・スヒョン氏）

日本と韓国の芸能界で決定的に違うのが、この独立に際してのスピード感だ。「今が独立のタイミングだ！」と判断したら、1秒でも早く独立するのが韓国式。

ただし、トラブルは「独立してから対処すれば良い」と考えるので、基本的には円満独立が少ないのがタマに傷。

「シヒョクはJYPと同じく韓国3大芸能事務所の一つ、SMエンターテインメントのボーイズグループをプロデュースしたり、JYPの2AMのマネージメントを担当したり（※〜2014年）、大手芸能事務所との友好的な関係を保ちました。そのあたりのバランス感覚は、やはりソウル大学出身だけあって如才がない。しかも、所属アーティストや候補生たちに、感覚だけではなく理論的に自分の考えを伝えることが出来るので、信頼関係を築くことが上手い。パク・ジニョンがJYPで〝ファミリー〟的なプロデュースを実践したのに対し、アーティスト自らにも考えさせる〝イコール・パートナー〟的なプロデュースがシヒョクの持ち味です」

（キム・スヒョン氏）

そんなパン・シヒョク氏だからこそ、大学修学能力試験の模試で全国〝上位1%〟に入ったRM、後に建国大学大学院にまで進学するJINなど、頭脳派のメンバーも全幅の信頼を置くのだろう。

しかしいくらソウル大学を卒業し、韓国芸能界有数のプロデューサー、パク・ジニョン氏の下でプロデュース術を学んだとしても、事務所の設立からBTSのプロジェクトがスタートするまでに5年、実際のデビューまでに8年もかかっているのは、真の〝プロデューサー〟パン・シヒョク氏が誕生するために必要だった年月に違いない——。

遂にスタートした〝防弾少年団プロジェクト〟

2005年に〝ビッグヒットエンターテインメント(Big Hit Entertainment)〟を立ち上げたパン・シヒョク氏は、SMエンターテインメントのボーイズグループ『翼』のプロデュース、JYPエンターテインメント『2AM』のマネージメントを担当しながら、苦節の歳月を過ごす。

自ら立ち上げた事務所の柱となるべきアーティストを輩出することが出来なかったからだ。

「ちょうど彼が事務所を構えた頃、韓国の芸能界は現在のSMエンターテインメント、YGエンターテインメント、JYPエンターテインメント、DSPメディアの大手事務所と、〝その他〟に区別され、有望な研修生や候補生たちが〝その他〟の中小事務所に流れることは、ほとんどありませんでした。また、時を同じくして日本で起こった韓流ブームがドラマから音楽へと移行しつつあって、韓国芸能界の目が〝日本で食えるようにアーティストを育てる〟方向に向いてしまい、いわゆる〝日本バブル〟に沸いて、落ち着きがない時代に突入し始めていたんです」

日本デビューも果たした某女性グループのマネージャーだったユ・ジョンウ氏は、「実は彼も女性グループをプロデュースしようとして失敗した」――と、意外な裏話を明かす。

「男性グループは東方神起の一人勝ちで、なかなか続くグループが出てきませんでした。しかし女性グループはまずKARAがヒットして少女時代が続くと、各事務所は思いの外、日本側の垣根が低いことに気づいたんです」（ユ・ジョンウ氏）

KARAと少女時代が、韓国はもちろん、日本以外のアジア諸国では〝まったく逆〟の評価だったことを覚えていらっしゃる方もいるだろう。

日本ではKARAのほうが先に火が点いたが、韓国では少女時代のほうが明らかに格上。

しかし女性グループの考察についてはまたにするとして、BTSについてのストーリーに戻るとしよう。

「結局、女性グループのプロデュースには失敗し、デビューまでには至らなかった。シヒョクは改めて当時の音楽界の流れを分析し、〝防弾少年団プロジェクト〟を立ち上げたのです。ただし当初の構想では防弾少年団（BTS）は〝ヒップホップのラップグループ〟で、ロールモデルも1TYM（ワンタイム）に定めていた。あそこでそのまま押し切っていたら、今のBTSは存在していなかったでしょうね」（ユ・ジョンウ氏）

日本の場合、男性アイドルグループといえば、ほとんどがジャニーズ事務所の専売特許のようなものだが、韓国の場合は3大（あるいは4大）事務所をはじめとした群雄割拠で、さらに特徴的なのが〝ロールモデル〟つまり明確な目標を掲げることにある。

当初BTSがロールモデルにした『1TYM』は、ヒップホップをメインとする4人組の男性アイドルグループ。つまりプロジェクト開始当初のBTSは〝ヒップホップメインのアイドルグループ〟を目指していたわけだ。

しかし後に改めて触れるが、BTSが2013年にデビューを果たした時には、そのロールモデルは『1TYM』から『BIGBANG』に変更されていた。

「日本の芸能界のようにジャニーズ事務所の1強だと、デビューする時は〝ジャニーズとは違うタイプ〟を目指すでしょう。しかし韓国の場合は、成功したグループの真似をするところから始まる。それは国内の音楽ファンのキャパシティが決して大きいとはいえないので、既存のグループ、既存の音楽のファンを奪い合うしかないからです」(ユ・ジョンウ氏)

つまりBIGBANGをロールモデルにしているのなら、〝BIGBANGに少し飽きている〟ファンを、新鮮さを武器に奪い、新たなモデルリーダーを目指すという意味だ。

「もともと、シヒョクはBTSをRM、当時の〝ラップモンスター〟を中心としたグループにするつもりで、ヒップホップオーディションを開催しました。実際、RMはアマチュア時代からアングラのヒップホップグループで活動し、その姿をUntouchable（ヒップホップデュオ、2008年公式デビュー〜2019年解散）のSleepyが発掘して、友人のシヒョクにスカウトを勧めたほどの素材。少し話しただけでRMの聡明さに気づいたシヒョクは、ラッパーとしてのセンスや資質が頭の良さから生まれていることも気に入り、プロジェクトの成否をRMに賭けたのです」（ユ・ジョンウ氏）

そこはお互いに「天才は天才を知る」といったところだろうか。

RMも――

『防弾少年団（BTS）のオーディションが、

〝自分とのラップ対決でふるい落とされていく〟形式で進む』

――と聞かされ、身震いがするほどの使命感を感じたという。

〝ヒップホップグループ〟というコンセプトからの脱皮

2010年9月にスタートした〝BTS（防弾少年団）プロジェクト〟。

RMとのラップバトルオーディション「ヒップホップオーディション HIT IT」を経てメンバーを募り、当初は2011年のデビューを目指していた。

しかし、その2011年7月に再びオーディションが開催されると、同年8月には、RM、SUGA、J-HOPEによる〝方言ラップ「八道江山」〟がSNSを通して公開されてテレビ番組で取り上げられるなど、デビューへの道程が進んでいるのか止まっているのか、正直なところ誰にも先が見えなくなっていた。

「韓国ではオーディションを開催しても、それがデビューに繋がらないことは珍しいことではありません。そのオーディションがなくなっても候補生のまま事務所に残ったり、また新しいオーディションを受け直したり。事務所側も、無理にデビューさせるよりプロジェクトを解体したほうが結果的にはロスが少ないと考えますし、チャンスは一つではありませんからね」

BTSのデビューから取材を続けている韓国音楽誌のイ・スンホン記者は、「ある意味、パン・シヒョク代表の優柔不断さが功を奏した」――と、オーディション当時を振り返る。

「本来ならデビューを果たしている時期に、彼らが発表した〝方言ラップ〟は、確かにいくつかのテレビ番組に取り上げられて話題にはなりました。しかしあのまま行くとBTSは、間違いなく〝コミックラップ〟のグループとして名が知られ、そこから後戻りが出来なくなっていたでしょうね」（イ・スンホン記者）

実はBTSプロジェクトの候補生の多くはソウル特別市以外の地方出身者で、現にメンバー7人共にそれに当てはまる。オーディションに対する世間の関心や評価を知りたかったから、あえて〝方言ラップ〟をSNSで公開したのだろうか。

いずれにしろ結果的にはRM、SUGA、J-HOPEによる方言ラップは、〝果たしてBTSはヒップホップグループの形態を維持するべきなのか？〟……の疑念まで招いてしまったのだ。

「オーディション当初から現在まで、BTSはSNS世代の申し子といえるほど、ファンとのコミュニケーションツールとしてSNSを活用してきました。しかしだからこそ、仮に自分たちに向けたネガティブキャンペーンが巻き起こった時の、その恐ろしさも理解している。シヒョク代表が〝方言ラップ〟の取り上げられ方に〝危険な匂い〟を感じ取り、それをきっかけにプロジェクトのコンセプトを変更した〝英断〟があればこそ、BTSはデビューが叶ったのです」（イ・スンホン記者）

それが1TYMをロールモデルにしたヒップホップグループという当初のコンセプトからの脱却であり、BIGBANGをロールモデルに、アイドルグループの要素を兼ね備えたグループへの〝脱皮〟だった。

そして当然その結果、候補生たちには新たな負担がのしかかった。

「〝BIGBANGをロールモデルに〟というのは、アイドルグループであっても作詞作曲、編曲からダンスの振付、プロデュースを〝セルフで行えるように〟――という、かなり負担の大きなグループを目指すということです。いわゆるステレオタイプのアイドルグループとの差別化を図るために。しかしそれには、デビューまでに乗り越えるべき壁があまりにも高かったのです」（イ・スンホン記者）

それは作詞や作曲、アルバム製作などの楽曲プロデュースに……ではない。

RM、SUGA、JINなど創作活動の要となるメンバーが、すべてダンス未経験者だったことだ。

「当初のロールモデルが『1TYM』だったわけですから、本格的なダンスが未経験でも当たり前です。しかし新たなコンセプト、新たなロールモデルを定めた以上、もう変更はしたくない。今の彼らからは想像が出来ないほど低いレベルのダンスから、特訓に次ぐ特訓が始まったのです」（イ・スンホン記者）

そして翌年の2012年暮れ、ようやく公式ブログに〝BTSのラップモンスター〟のティザー映像が公開される。

2010年9月から足掛け3年のプロジェクトが、遂にゴール間近であることを知らしめたのだ――。

デビュー！ そしてメンバーが突き当たった〝高い壁〟と〝現実〟

２０１３年に入ると、後にサプライズで発表されるＶ以外の６名のプロフィールやティザー映像が徐々に公開されていく。

同時にメンバー本人が発信しているＴｗｉｔｔｅｒやｂｌｏｇを介し、ファンとのコミュニケーションが図られるようになった。

「実際、最終のメンバーオーディションで合格したのはＪＩＭＩＮで、Ｖは非公開候補生だったものの、ＢＴＳへの加入は早い時期に決まっていました。最年少はＪＵＮＧ ＫＯＯＫでしたが、Ｖは天然かつ奔放な危なっかしいキャラクターということもあったのでしょう。非公開のまま、サプライズ発表になりました。２０１３年5月27日の正式発表で〝1人目のメンバー〟としてティザー映像が公開されるまで、ファンの誰もＶの存在を知らなかったのです」

先ほども情報を提供してくれたキム・スヒョン氏は、それまでまったく情報が出されていなかったＶを1人目のメンバーとしてサプライズ発表したのは、〝やはり恵まれたルックスによるものだろう〟と考えている。

「多少、信頼性に問題がないとは言いませんが、それでも後にＶが〝世界で最もハンサムな顔〟に選ばれたのは事実。さすが、パン・シヒョク代表の見る目は正しかったということです」（キム・スヒョン氏）

2017年、アメリカの映画情報サイトが発表した〝世界で最もハンサムな顔100人〟の1位に、アジア人として初めて選ばれたV（13位 JUNG KOOK／64位 JIMIN）。

ランキングはサイトのビュワー投票によるもので、確かに高い信頼性を誇るランキングとまでは言えないだろう。しかしそれでも〝1位〟に選ばれた事実は間違いない。

そして遂にBTSは6月12日にミニアルバム『2 COOL 4 SKOOL』でデビューを果たす。

翌日には韓国で知られた公開音楽番組『M COUNTDOWN』に出演してデビュー曲『NO MORE DREAM』を披露した。

「JIMINが曲中で、鍛え上げられた腹筋を見せるパフォーマンスやマトリックスダンスが評判を呼び、SNSでも十代を中心にパワーワードになりました」（キム・スヒョン氏）

しかし話題のデビューを飾ったからこそのプレッシャーが、すかさずメンバーを襲ったというではないか。

「メンバーそれぞれ、自分が正式にメンバーとしてティザーが公開された後も葛藤が残っていたと聞いています。候補生になる以前から芸能界入りを反対されていたJ‐HOPEや、逆にダンスの魅力に目覚めてアイドルとダンサーの間で揺れたJUNG KOOKなど。それはロールモデルをBIGBANGに定めたからこそ感じる〝大きなプレッシャー〟との闘いでした」（キム・スヒョン氏）

『〝今日の自分よりも明日の自分、明日の自分よりも明後日の自分〟と、

高いレベルを求められ続ける日々に、果たして自分は応えられるのだろうか?』

それはラップの天才RMでも、楽曲を操るSUGAでも、7人のダンスを統率するJ-HOPEでも、誰もが突き当たる高い高い壁なのだ。

そしてデビューしたからこそ、さらなる〝現実〟を突きつけられることになろうとは。

「パン・シヒョク氏がプロデューサーとして初めて男性アイドルグループを手掛けることに対し、出身のJYPエンターテインメントをはじめとする3大芸能事務所は〝お手並み拝見〟程度に、余裕を持って見物していました。しかしいざベールを脱いだBTSの才能と可能性が、彼らに芸能界の常套手段でもある〝テレビ局への圧力〟を使わせたのです」(キム・スヒョン氏)

事務所の規模や実力で番組へのブッキングが決まる韓国テレビ界。

それまでいくつもの課題や不安を乗り越えてきたメンバーたちだったが、いくら実力や才能があろうとも、それに見合うテレビ番組への露出にまったく恵まれない現実に阻まれてはどうしようもない。

おそらくパン・シヒョク氏は、それを見越してSNS戦略に力を入れてきたのだろう。

「アーティストにとって何よりも辛いのは、自分たちがどれほど素晴らしいパフォーマンスをしようとも、それをファンや視聴者に届けられないこと。つまりは露出できないことです」(キム・スヒョン氏)

BTSとパン・シヒョク代表は、この難題にどうやって立ち向かったのだろうか——。

デビュー当時にBTSが見せた〝弱点〟

デビュー曲『NO MORE DREAM』で強烈なインパクトを放ったBTSだったが、その輝きゆえ、思うようにテレビの音楽番組に出演が叶わない苦境を味わう。

「しかしそれは決して、3大事務所の圧力だけではありません。BTSの音楽がそれほど新しさを感じさせない、正直に言うと〝古臭さ〟さえ感じさせるところに弱点があったのです」

韓国主要民放テレビ局の音楽番組でプロデューサーを務めていたカン・ドゥテム氏は、プロデューサーでありビッグヒットエンターテインメント代表でもあるパン・シヒョク氏のセンスを、「頭は良いけど古臭かった」――と、言葉は悪いが酷評した。

「メンバーそれぞれの実力と才能、可能性は疑う余地がありませんでした。しかし歌詞が奏でる楽曲の世界観が、2013年の文化や流行にはそぐわないというか、個人的には10年古く感じました。メンバーは最年長のJINでも21才（当時）で、半分以上が10代の若者。そんな彼らが手掛けた歌詞や世界観ではないことは明らかで、パン・シヒョク代表の色が悪いほうに出ていた」（カン・ドゥテム氏）

この批判は、こう話すカン元プロデューサーにとどまらず、あらゆる方向からパン・シヒョク代表に向けられた。

さらに一般の視聴者からも、

「(デビューミニアルバムの)『2 COOL 4 SKOOL』は、ありきたりな前世紀の学校批判。コンセプトが古すぎる」

――の意見が多数寄せられたという。

「中には便乗したライバルグループのファンもいたでしょうが、しかしそもそも〝防弾少年団〟のネーミングには〝10代や20代に向けられる社会的偏見や抑圧を防ぎ、自分たちの音楽を守り抜く〟の意味が込められているので、学校や教師に対する反抗や反骨はそこに含まれる。つまりネーミングのコンセプトに沿った作品を提供したに過ぎないのです」(カン・ドゥテム氏)

後に韓国以外では防弾少年団は『BTS』の通り名で呼ばれることが主となり、新たなブランディングとして、

〝現実に安住せず、夢に向かって成長し続ける青春。Beyond The Scene〟

――で〝BTS〟の意味持つようになるのだが。

その後、デビューから5年を迎えようとする2018年、パン・シヒョク代表はデビュー当時を振り返り、ミニアルバムを発売した当時の騒動について語った。

パン・シヒョク代表は――

『これまでに1つだけ、メンバーに約束してもらったことがある』

――と切り出し、それが、

『自分たちの内面を絞り出す、本音を聞かせる音楽を作って欲しい』

――だったと明かした。

そしてさらにパン・シヒョク代表はこう続けた――。

『デビューアルバムに学校の話がたくさん出てくるが、当時のメンバーはほとんど学生で、あれが彼らの内面だった。人々からは古臭いコンセプトだと批判されたけど、メンバーの本音そのものだった』

つまり、デビューミニアルバムのコンセプトは各方面から〝古臭い〟と批判されたものの、決してプロデューサーサイドの押しつけではなく、メンバー自身の内面から湧き出てきた〝本音〟だったというのだ。

そして、その後も彼らは〝自分たちの内面を絞り出す、本音を聞かせる音楽〟を創り出していくことになる――。

〝日本スピードデビュー〟の裏にあった思惑

ＢＩＧＢＡＮＧをロールモデルにするだけにはとどまらず、ＢＩＧＢＡＮＧを超えるアーティストを目指して歩み始めたＢＴＳ。

試練の２０１３年から学校三部作を完結させる２０１４年には、早くも『ＮＯ ＭＯＲＥ ＤＲＥＡＭ』の日本語詞、歌唱バージョンで日本デビューを果たす。

韓国でのデビューからまだ1周年直前の、信じ難いスピードでの日本デビューだった。

「東方神起からSUPER JUNIOR、ＢＩＧＢＡＮＧと日本進出で成功したグループを徹底的に分析し、日本デビューのタイミングを図っていたパン・シヒョク代表は、ＢＴＳが韓国のトップアイドルとして来日するセンセーショナルなデビューよりも、時期尚早と言われても日本進出を急ぎ、日本でコツコツと積み重ねたものでＡＲＭＹを味方につける道を選んだ。要するに〝日本のファンには日本でのストーリーを描いたほうが、息の長いアーティストになれる〟と判断したのです。それで積極的に日本デビューを進めたと、当時の現場では説明されました」

現在、ＢＴＳのシングルとアルバムの日本版はユニバーサルミュージックの世界的ヒップホップレーベル、Ｄｅｆ Ｊａｍ Ｒｅｃｏｒｄｉｎｇｓから発売しているが、それ以前に所属していたポニーキャニオンの担当者

だった青山氏は、

「2016年頃には世界的なアーティストへの階段を駆け上がっていく途中だったので、ウチで最後までフォローしてあげられなかったのが残念でなりません」

――と、悔しそうにBTSと契約していた期間を振り返る。

「BTSが目標にしていたBIGBANGは、韓国デビューから1年半で、インディーズとはいえ日本デビューを果たしました。そんなBIGBANGをロールモデルに定めたパン・シヒョク代表は、少なからず〝BIGBANGの記録より1日でも早く日本デビューを実現させたい〟気持ちが本音だったようです。こちらサイドがビッグヒットのスタッフに〝そんなの意味がない〟と話した時、返ってきたのが『**韓国では大事なことなんだ**』――という答えだったので、少し驚いたことを覚えています」(青山氏)

〝防弾少年団プロジェクト〟がスタートしてからデビューまでは、たとえ戦略コンセプトをゼロから練り直したとしても、これ以上ないほど入念に準備を進めてから送り出している。

しかし一旦デビューした以上は、そこから先は〝ライバルの記録や道程に先んじなければならない〟という。

一種独特な考え方ではあるが、自身も3大芸能事務所の一つ、JYPエンターテインメント出身のパン・シヒョク代表は、そうやって3大芸能事務所のアーティストがのし上がっていく後ろ姿を、何十組も見送ってきた人物なのだ。

「ファンや一般の視聴者にアピールするためには〝キャッチーな売り文句が必要になる〟と主張するのが、僕が接した限りでは韓国音楽界の考え方のように感じました。つまり『あのBIGBANGよりも早い、デビュー1年未満での日本デビュー』――がキャッチのように〝BTSの売り文句〟になったわけです」(青山氏)

それは日本のアーティストでも似たようなものだが、言われてみれば確かに、ビッグヒットエンターテインメントは〝記録ずくめのBTS〟を旗印として掲げていたようにも感じる。

「ただし過去、日本に本格的に進出した東方神起やBIGBANGでさえ、メンバー全員が都内で共同生活をしながら、レッスンはもちろんのこと、日本語の習得や必要最低限のしきたり等を身につけた上で、メジャーデビューへのステップを歩みました。しかしBTSの場合、とりあえずは『NO MORE DREAM』日本語バージョンを歌うための単語を〝丸暗記しただけ〟。とにかく〝出すだけ出しちゃえ〟感が漂った2014年で、まだまだ本格的な日本デビューとは言い難い面があったのは否めません」(青山氏)

青山氏の言葉を裏付けるように、『NO MORE DREAM』の日本語バージョンをリリースした翌月には『BOY IN LUV』、そして11月には『Danger』と、約半年間で3枚の日本語バージョンシングルを発売。

今ではシングルもアルバムも発売週のオリコンチャートで初登場1位が確実なBTSが、当時は最高位8位、4位、5位に甘んじたのも、性急な日本進出で生じた歪みだったのかもしれない。

ところがパン・シヒョク代表は〝どこ吹く風〟で、今度は日本だけの、日本だからこその〝新たなロールモデル〟へと、その興味を移していたのだった――。

日本進出で貫いた〝海外アーティスト〟としてのスタンス

「2014年6月に日本デビューしてからのおよそ半年間を、後にパン・シヒョク代表は『**BTSが日本で成功する確信を掴んだ期間だった**』――と振り返っていました。オリコンチャートはともかくセールスは芳しくありませんでしたし、僕らから見ると不思議な発言。しかしそこには、代表の絶対的な自信が込められていましたね」

再びご登場願ったのは、かつてBTSが所属していたポニーキャニオンの担当者・青山氏だ。

「音楽ファンの方ならご存知でしょうが、ジャニーズ系やAKB系、坂道系のリリースがない週では、3万枚のセールスがあればオリコン1位になれるのが今のCD市場です。仮にそれらのリリースがあっても、1万枚売れればベスト10には入れる。だからオリコンで4位、5位のレベルでは、まったくといっていいほどヒットセールス扱いは出来ないのです」(青山氏)

それでも強気なパン・シヒョク代表は、日本に進出する韓国男性アイドルグループにとっての〝最大の障壁〟について――

『**自分たちなら共存共栄することが出来る**』

――手応えを掴んだそうだ。

「BTSに限らず、日本に進出する韓国のアイドルグループが最も気にするのが、ジャニーズ事務所の存在です。日本の男性アイドルグループ市場をほぼ独占するジャニーズの威光は、様々な角度から比較分析して無視するわけにはいきません。これまでに日本で成功した東方神起、BIGBANGの両グループのように、ジャニーズとの棲み分けを果たさなければBTSの日本進出は失敗に終わってしまいますからね」（青山氏）

東方神起、SUPER JUNIOR、BIGBANG、BTS——これまでに日本で成功した、ドームクラスの会場をファンで埋め尽くすことが出来た韓国のアーティストたちは、常に「ジャニーズと争わずしてブレイクする」命題を突きつけられてきた。

ファンの皆さんにすれば「作られたアイドルと実力派アーティストを一緒にしないで欲しい」と憤慨されるだろうが、音楽ファンのキャパシティは無限ではない。多かれ少なかれ両者は、そのキャパシティを奪い合う関係にならざるを得ないのだ。

「BTSがBIGBANGをロールモデルにしているからといって、そのBIGBANGのファンを奪うだけでは日本で成功するわけがありません。既存の韓国アーティストファンをターゲットにするのはもちろんですが、BTSをきっかけに韓国アーティストに興味を持ってくれた新規ファン、それまでジャニーズをはじめとする日本のアイドル、アーティストのファンだった層を振り向かせることで、初めて日本での成功を掴むことが出来るのです」（青山氏）

それはもちろん正論だが、だからといってBTSを日本に特化したグループに作り変えるわけではない。

むしろ逆に、これまで以上にそのスタンスを変えないように徹底したのだ。

「東方神起やＢＩＧＢＡＮＧは日本で共同生活をしてまで馴染もうとしましたが、ＢＴＳは〝常に新鮮な気持ちでファンと接する〟ことが出来るように、日本との距離が近いことを利点に、ベースは韓国に置いて活動を続けました。リリースのタイミングでの記者会見やテレビ出演、ファンミーティング、世界ツアーに組み込まれた日本でのコンサートで訪れる以外は、そう簡単に露出しない戦略です。ＢＴＳは、あくまでも〝海外アーティスト〟としての価値や存在感を高めることを徹底し、ジャニーズとの差別化を図ってきたということです」（青山氏）

ＳＮＳを上手く活用してきたＢＴＳゆえ、日本のファンに常に繋がっているかのような安心感を与えつつ、適度な飢餓感を演出する来日サイクルを維持出来たのだろう。

「そしていざ現れた時には、圧倒的なパフォーマンスを見せつける。これから韓国アイドルグループ、韓国アーティストの日本での戦略に変化がもたらされるとしたら、それは間違いなく、ＢＴＳの成功例を〝ロールモデル〟としたグループということです」（青山氏）

ＢＴＳがさらに勢いを増しているのは、パン・シヒョク代表の戦略が〝正しかった〟証拠に他ならない。

BTS、世界へ！——彼らが秘める〝世界に出て闘う意識〟

BTSが初の単独ワールドツアーを敢行したのは、2014年10月から2015年3月にかけての『2014 BTS Live Trilogy：EpisodeⅡ The Red Bullet FIRST HALF』だった。

「このTrilogy、つまり三部作は〝EpisodeⅡのFIRST HALF〟に始まり、〝EpisodeⅡ SECOND HALF〟、〝EpisodeⅠ〟、そして2017年に行われた最大規模の〝EpisodeⅢ〟、さらにFINALへと続きます。しかし実際、彼らがデビュー1年数ヶ月の時点で海外ツアーを行えるほどの実力、知名度を兼ね備えていたかというと正直疑問で、ツアーに出る前に発売したBTS初のフルアルバムも、チャートを賑わせるほどのセールスを記録することは出来ませんでした。我々、日本側のスタッフから見ると、当時のレベルでワールドツアーを行うなど、まさに無謀というほかありませんでしたね」

先ほども情報を提供してくれたポニーキャニオンの青山氏は、韓国の〝国策〟について説明してくれた。

「1990年代後半のアジア通貨危機以来、自国市場の規模が小さい韓国は輸出産業に国力を注ぎ始めます。その輸出の柱に民間の文化コンテンツを据え、2009年に設立された韓国コンテンツ振興院が、国家戦略として映画、テレビドラマ、K‐POP、ゲーム、アニメなどコンテンツ産業の輸出振興を図るため、制作と宣伝、輸出に国費を投入しています。その結果、振興院が設立された2年後の2011年には、早くもヨーロッパを中心に第二次韓流ブームが起こり、それからというもの、特にK‐POPのインフラ拡充やスターの育成が国策として行われてきたわけです」(青山氏)

つまりは国を挙げて、「お前らを支援してやるから海外で暴れてこい!」と、BTSを送り出してくれたわけだ。

「2014年のBTSは、確かにそれまでにいくつかの小さな賞を受賞してはいましたが、権威至上主義の韓国では、取り立てて騒ぐほどの実績は上げていません。しかしその音楽性と物作りに懸ける情熱、努力が評価され、国策の一環としてワールドツアーがスタートしました」(青山氏)

おおよそ日本では、政府が「金を出すから海外でツアーしてみない?」などと、アーティストに声をかけることなどあり得ないし、支援してくれるからといって海外ツアーにも出ないだろう。

「それはもともと、韓国が国を挙げて文化コンテンツを輸出するようになった根本の理由でもある〝市場規模の小ささ〟で、まず日本の場合は文化コンテンツを輸出して外貨を稼ぐ必要がありません。また逆に国内需要の点でも、いくらCDが売れない時代になったからといって、人気アイドルやアーティストの食い扶持までがなくなるわけではなく、それに最も肝心なことですが、海外で通用する文化コンテンツは国が力を入れなくても勝手に世界進出を果たしています」(青山氏)

しかし私から見れば、それら様々な角度からの観点を取っ払ったとして、韓国と日本のアーティストの決定的な違いは、大半の日本のアーティストには海外で闘う気概をまったく感じない点だ。

「韓国のアイドルグループもアーティストも、デビューした時点で日本をはじめとするアジア、その先にヨーロッパとアメリカを見据えています。それはプロジェクトの候補生、事務所の練習生の頃から徹底的に意識を植えつけられているのはもちろんのこと、デビューするということは〝そういうもの〟だからです。仮にコンテンツとして自分たちが輸出に〝値しなかった〟としても、それはあくまでも結果の一つであり、〝世界に出て闘う意識〟が否定されたわけではありません。韓国のアーティストが日本語を覚えるのが早いのも、その意識の延長線上にあるからです」（青山氏）

ＢＴＳがどこの国に行っても〝最高のＢＴＳ〟であり続けられるのは、そんな彼らの高い自意識があってこそ――なのだ。

〝公演型アイドル〟からの脱皮

「韓国では、ヒット曲は出ないけどコンサートは完売させるアイドルを〝公演型アイドル〟と呼びます。BTSも韓国での2回目の単独コンサートを完売させた2015年、マスコミの間では〝公演型アイドル〟の新星のように扱われていました。本人たちは、何よりもヒット曲が欲しかったと思いますけどね」

韓国のアイドルシーンに詳しい現地ジャーナリストのソ・ジフン氏は、

「私個人としてはBTSの可能性を見誤っていた。当時は公演型アイドルのまま終わると思っていたから」

——と、頭を掻きながら話す。

「デビューからの〝学校三部作〟がコンセプトに頼りすぎているというか、決して目新しいテーマでもないのに、〝なぜそこまでしがみつくのだろう？〟……と感じたからです。もちろんそれはメンバーに向けた視線ではなく、パン・シヒョク代表に対する批判的な見方です」

考えてみれば国費で海外進出を後押ししてもらったわけで、当然、BTSにはそれに見合うリターンを国に戻す〝義務〟が求められるだろう。

「外から見ているだけの僕らですら、BTSとパン・シヒョク代表の焦りが伝わってきました。しかも彼らが〝より完璧でレベルの高い作品を〟──と没頭すればするほど、それはキャパシティ以上のハードスケジュールに繋がることも明白。極端な話、〝どこまで潰れずに頑張れるか〟の限界に向かって、彼らはブリンカーを付けてひた走っているように見えたんです」(ソ・ジフン氏)

そうしてBTSがリリースを始めたのが、学校三部作に続く〝青春三部作〟の『花様年華』シリーズだった。

あまりにも美しい語感を持つ熟語には、日本人には想像し難い意味がある。

「学校三部作の間口を少し広げ、韓国語で〝人生で最も美しい瞬間〟の意味を持つ〝花様年華〟をコンセプトに、少年が青年へと成長する過程で直面する、普遍的な葛藤を描く作品を目指したそうです。青春がいかに美しいかだけではなく、本当はとても危うい時期であることをいかに描いていくか? ──それまでにBTS自身が味わってきた挫折や焦燥も、すべてを裸にしなければ作品が生まれなかったことがよくわかりました。そして明らかに作品のテイストが変わり、それは〝海外で経験を積んだことが活かされているのでは?〟と感じるようにもなってきたんです」(ソ・ジフン氏)

次の三部作に移ったことでプロモーションの手法も変え、メインのタイトル曲『I NEED U』のミュージックビデオに懸けたBTSの情熱は、ようやく実を結ぶ。

それまでは音楽番組に呼ばれても瞬間的なゲストで終わっていたが、この『I NEED U』は次々と1位を獲得し、一般的にも〝防弾少年団（BTS）〟の名前が知られるようになったのだ。

「韓国の音楽番組は昔の日本の音楽番組、『ザ・ベストテン』のような番組もあって、基本的には客を入れての公開放送でもあります。それぞれの放送局でそれぞれの番組が、それぞれの基準でランキングを付けている。つまり単なるセールスだけのミュージックチャートではないので、複数の番組で1位を獲得してこそ、本当にその作品とアーティストが一般大衆に支持された証拠になる。BTSはデビューから丸2年で、ようやく〝本物のスター〟の入口に立ったのです」（ソ・ジフン氏）

『I NEED U』のヒットは青春三部作のヒットに繋がり、BTSはアッという間に〝最も忙しい芸能人〟の仲間入りする。

そして日本をはじめとするアジアでの人気は地球の反対側へと飛び火を開始する。

『WINGS』『WINGS 外伝：You Never Walk Alone』『LOVE YOURSELF 承〝Her〟』とアルバムを発売するたび、BTSは様々な記録を打ち立てると共に〝世界的なアーティスト〟として認められるようになっていった――。

〝MAMA大賞〟2連覇で果たした念願の〝BIGBANG超え〟

現在の韓国で超人気アーティストたちが〝喉から手が出るほど〟欲して凌ぎを削っているのが、『Mnet Asian Music Award（通称MAMA）』。

韓国に拠点を置く音楽専門チャンネルMnetの運営元（CJ E&M）が主催するこの音楽祭は、韓国のみならずアジア音楽祭の規模を誇り、Mnetチャンネルを通して世界各国にリアル配信されている一大イベントだ。

韓国でデビューしたアーティストたちが〝音楽人生最大の目標〟に揚げる音楽賞で、もちろんBTSもリーダーのRM以下、全員の目標は――

『MAMAで〝今年のアーティスト賞（大賞）〟を獲ること』

――だった。

しかし選考基準が番組視聴者投票、MAMA専門審査委員団による審査、音源販売量、アルバム販売量の4部門からの総合審査になるとはいえ、大賞だけはほぼ3大芸能事務所のアーティストで占められてきた。

誤解のないようにお話ししておくが、2006年度以降の大賞受賞者を順に見ると、東方神起、SUPER

JUNIOR、BIGBANG、2PM、2NE1、少女時代、BIGBANG、G-DRAGON、EXO、BIGBANG――となるが、彼らは3大芸能事務所の所属である前に、間違いなくその年、韓国とアジアの音楽界を席巻したアーティストだ。

そして遂に2016年、青春三部作の完結編『花様年華 Young forever』、そして韓国の音楽チャート(ガオンチャート)始まって以来の月間売上枚数、年間売上枚数を記録した『WINGS』の大ヒットで、BTSは悲願のMAMA大賞を受賞する。

念願のMAMA大賞受賞に、RMをはじめメンバーが号泣する姿は、彼らを見守り続けてきたARMYの感動を呼んだ。

さらに翌年の2017年度、BTSは驚異の2連覇を果たす。

複数回の受賞はBIGBANGが経験しているが、前述のように2連覇はない。

ようやくBTSは、もう一つの夢でもあった〝BIGBANG超え〟も果たしたのだ。

まだBIGBANGが活動を休止する前、しかも彼らの人気がピークに達した2010年代に、そのBIGBANGをロールモデルとしてデビューしたBTSが、正面からBIGBANGを打ち破った。

その勢いは止まるどころか、さらに勢いを増し、翌2018年度から2020年度まで、2016年度の初受賞から何と5連覇を達成。

誰にも文句を言わせない〝BTS時代〟が到来したのだ――。

プロジェクト発足当初描いていた〝10年計画〟

ここに1枚のメモがある。

「今から8年前、ビッグヒットエンターテインメントのパン・シヒョク代表とミーティングした時、代表から聞かされた〝防弾少年団プロジェクトの青写真〟をメモしたものです。当初、ヒップホップグループとしてデビューさせるつもりだったのでメモの内容と現実の結果には格差がありますが、興味深い記述がいくつかあったので、ミーティングした時のことを思い出しながらお話ししてみたいと思います」

日本の場合、テレビ局は国営放送一社（NHK 日本放送協会）と全国に系列ネットワークを持つ民放キー局（日本テレビ TBS フジテレビ テレビ朝日）、全国6局ネットのテレビ東京がほぼ24時間・365日の放送を送信しているが、韓国では公営放送のKBS（韓国放送公社）とEBS（韓国教育放送公社）、民間放送のMBS（文化放送ネットワーク）、SBS（ソウル放送ネットワーク）が地上波放送にあたり、それ以外では韓国デジタル衛星放送やケーブルテレビの専門チャンネルなどが、いわゆる〝テレビ放送〟を行っている。

そんな放送局の中から、日本の紅白歌合戦と同じく大晦日に生放送される『MBC歌謡大祭典』の元スタッフ、マ・ムドク氏が話してくれた。

彼はキャスティングの担当者として長く番組を支え、その過程で当時は本当に弱小事務所の代表にすぎなかったパン・シヒョク氏と、なぜかウマが合って酒を酌み交わす関係だったらしい。

「もともとはパン・シヒョク代表がＪＹＰエンターテインメントの作曲家だった頃からのつき合いです。『いつか必ず、1組か2組か、プロデューサーとして結果を出したい』――と口癖のように話していましたね」（マ・ムドク氏）

しかし当時のパン・シヒョク代表は、マ・ムドク氏を納得させるアーティストを世に送り出すことは出来なかった。

「するとやがて、『防弾少年団（BTS）というヒップホップグループをデビューさせるプロジェクトを立ち上げる』――という連絡が入ったんです。それは今のＲＭ、当時の〝ラップモンスター〟のことですが、『金の卵を見つけた』――と興奮して話してくれました」（マ・ムドク氏）

急いでパン・シヒョク代表のもとに駆けつけたマ・ムドク氏は、そこで湯水のように溢れ出る、パン・シヒョク代表のアイデアを聞かされたそうだ。

「かなり具体的に、２０１１年のデビュー後からの計画を考えていました。特に活動期間をまずは10年間に設定していて、それは〝最年長のメンバーが兵役に入るタイミング〟から最も妥当な活動期間だと判断したようです」（マ・ムドク氏）

お断りしておくが、ここでマ・ムドク氏が最年長だと話したメンバーはＪＩＮのことではなく、あくまでもオーディションで勝ち残ったメンバーを指している。そしてもちろん、まだオーディションすら始めていない。

「韓国人の場合、法律で定められた19才の成人年令を越えると、30才までに2年間の兵役義務に就かねばなりません。しかもちょうどこの頃、有名俳優の兵役逃れが社会問題になり、主に広報活動に従事する芸能人も〝前線に送って鍛えろ〟などという声も上がっていた。パン・シヒョク代表は兵役義務について『**上手く対応しないと社会の反感を買うし、アーティストとして中途半端な状態で兵役に就くと、帰ってきても居場所がない。メンバー全員が同じ時期に兵役に就くのが理想だが、それよりも何よりも、誰か一人でも兵役でグループを抜けるまでに〝唯一無二のアーティスト〟に成長していること。実はそれが一番大切な10年計画**』──だと力説していたのが印象的でした」(マ・ムドク氏)

特別な事情がない限り、成人の韓国人男性は兵役義務から逃れられない。

驚かされたのはメモにあったパン・シヒョク代表のセリフ。

『**誰か一人でも兵役でグループを抜けるまでに、〝唯一無二のアーティスト〟に成長していること。**
実はそれが一番大切な10年計画』

すでに今、BTSはそれに相応しい存在になっているのだから。

「メモの通りだと、2011年からの10年、つまり2021年には韓国のみならず〝世界で唯一無二の存在〟を目指すということ。実際にはデビューは2013年までズレ込みましたが、早くも10年計画の半分、5年で目標は達成出来そうですね」

２０１８年当時、そう語っていたマ・ムドク氏。

さらに興味深いのは、当初の防弾少年団プロジェクトには、ヒップホップグループのバックでダンスを披露する〝アイドルダンスグループ〟の結成も考えられていたという情報だ。

「当時のメモにしっかりと書いてありますし、ＢＴＳが今のスタイルでデビューすると聞かされた時、〝つまりバックダンサーがメインボーカルを追い出したってことか〟――と、何だか納得してしまったことも覚えています」（マ・ムドク氏）

もしも、当初の防弾少年団プロジェクト通りに、ＢＴＳが〝ヒップホップグループ＋バックで踊るアイドルダンスグループ〟の形態でデビューしていたとしたら……。

果たして現在のような成功を収めていただろうか。

掴んだ〝世界制覇の切符〟

2018年の1月、韓国の音楽界で最古の歴史と大きな権威を誇る音楽祭『第32回 Golden Disc Award』で、BTSはあらゆるセールス記録を塗り替えたアルバム『LOVE YOURSELF 承 〝Her〟』で、アルバム部門の大賞を受賞した。

韓国のアーティストが活動の柱とするアルバム部門の大賞は、2008年に受賞した東方神起以来、9年連続でSMエンターテインメントのアーティストが受賞を続けてきた。見方によっては『MAMA』以上に高い壁を誇る音楽賞だといえる。

それを3大芸能事務所のYGエンターテインメント、JYPエンターテインメントの所属アーティストではなく、韓国では〝その他〟扱いの中小事務所のアーティストが受賞した意味は大きい。

「なぜ3大芸能事務所、中でもSMエンターテインメントが強いかというと、もちろんチャートを操作する剛腕が利くからではなく、しっかりとしたアルバム販路と販売戦略を持っているからです。そういった意味でも草分け的な存在なので、同じ3大芸能事務所に名を連ねる両者でも、なかなか太刀打ち出来ない。ましてや新興事務所や中小事務所では……というわけです」

韓国の賞レース事情に詳しい作曲家のハン・インス氏は、BTSが2017年度の『GDA』でアルバム部門大賞、デジタル音源部門本賞を同時受賞したことで、頭の中に〝ある確信〟が浮かんだそうだ。

「毎年、12月から1月にかけて『MAMA』『Melon Music Award』『SBS歌謡大祭典』『MBC歌謡大祭典』『KBS歌謡大祝祭』『GDA』――と主だった音楽賞、放送局系の音楽祭が続きますが、その締めくくりといってもいいのが『ソウルミュージックアワード』です」（ハン・インス氏）

『ソウルミュージックアワード』の最も大きな特徴は、部門賞ごとの大賞がなく、メインのトロフィーを手に出来るのはたった1組だけということだ。

そしてこれまでお話ししてきた状況と同じく、2017年まで4連覇中のEXOを筆頭に、過去10年の受賞者の顔触れだけを見ても、すべて3大芸能事務所所属アーティストで占められている。

「〝2018年『第27回ソウルミュージックアワード』の大賞〟にノミネートされた瞬間、BTSが歴史に名を刻む姿が目に浮かびました。この賞は過去10年、BIGBANGやワンダーガールズ、少女時代（2連覇）、SUPER JUNIOR、PSY、EXOなど、単なるセールスだけでは大賞に輝くことは出来ません。しかし、3大芸能事務所が立ち塞がるあらゆる壁をぶち壊してきたBTSなら、ほとんど最後に残ったこの壁も大丈夫だろう――と」（ハン・インス氏）

そしてBTSは、韓国で最も伝統と権威のある『ソウルミュージックアワード』大賞に見事輝いた。

さらに『今年の制作者賞』に、パン・シヒョク代表が選出されたのだ。

「パン・シヒョク代表もいくつかの賞を受賞してきましたが、このW受賞は『とても嬉しかった』――と聞いています。自分とBTSが歩んできた道が〝間違っていなかった〟と証明されたからです」（ハン・インス氏）

おおよそ周囲に立ちはだかっていたあらゆる壁、見える限りの壁を叩き壊し、そこに新たな道を作り出してきたBTSとパン・シヒョク代表。

あとは、アメリカやヨーロッパに繋がる大地を進めば良いだけだ。

「すでにワールドツアーを経験し、ビルボードチャートでの韓国出身アーティストの最高位、連続チャートイン記録を持っているBTSは、2017年11月にアメリカ本土での活動でも、『American Music Award』『ジミー・キンメル・ライブ！』で韓国出身アーティスト初の出演を果たして帰ってきました。ただし、だからといってアメリカでこれまで以上の成功を刻めるかどうか、まだまだ先行きは不透明。だってBTSはまだ、自分たちの名前よりも〝初めての韓国人〟のキャプションが先に来る〝お客さん的な存在〟ですからね」

2018年当時、そう語っていたハン・インス氏だが、厳しい言葉になったのも、それだけBTSに期待していたから。

名実共に〝韓国を代表するアーティスト〟になり、ぼんやりとしか見えなかった〝世界制覇〟の切符をしっかりと掴んだBTS。

そして、ここからの彼らは驚くほどの早さで〝世界制覇〟を果たすことになる――。

【BTS軌跡——the tracks of BTS—】

〈2018年〉

・5月18日 3rdフルアルバム『LOVE YOURSELF 轉 'Tear'』を発売。アジア圏出身者としては初めて全米ビルボード200で1位を獲得。

・5月20日 ビルボード・ミュージック・アワード2018にて『FAKE LOVE』を世界初披露。トップ・ソーシャル・アーティスト賞を2年連続で受賞。

・8月24日 4thリパッケージアルバム『LOVE YOURSELF 結 'Answer'』を発売。ワールドツアー「LOVE YOURSELF」を開始。全米ツアーの最終公演はシティ・フィールドで開催。

・10月9日 アメリカン・ミュージック・アワード2018にて、フェイバリット・ソーシャル・アーティスト賞を初受賞。

・12月1日 第10回Melon Music Awardsにて、2つの大賞を含む七冠を受賞。

・12月4日 第20回Mnet Asian Music Awardsにて、2つの大賞を含む五冠を受賞。

〈2019年〉

・2月10日　米ロサンゼルスで開催された第61回グラミー賞授賞式に、最優秀R&Bアルバム賞のプレゼンターとして出席。
韓国人アーティスト初の参加。

・4月12日　6thミニアルバム『MAP OF THE SOUL：PERSONA』を発売。
ビルボード200に1位でランクインし、月間売上322万枚を記録。

・5月1日　ビルボード・ミュージック・アワード2019にて、トップ・デュオ・グループ賞とトップ・ソーシャル・アーティスト賞の二冠を受賞。

・11月24日　アメリカン・ミュージック・アワード2019にて、フェイバリット・デュオ／グループ・ポップ／ロック賞、フェイバリット・ソーシャル・アーティスト賞、今年のツアー賞の三冠を受賞。

・11月30日　第11回Melon Music Awardsにて、4つすべての大賞を含む八冠を受賞。

・12月4日　第21回Mnet Asian Music Awardsにて、史上最多の4つすべての大賞を含む九冠を受賞。

〈2020年〉

・1月26日　第62回グラミー賞授賞式に2年連続で出席し、パフォーマンスを披露。

・2月21日　4thフルアルバム『MAP OF THE SOUL : 7』を発売。
GAON CHARTの「2020年2月月間アルバムチャート」で1位を獲得。
ギネス・ワールド・レコードが2019年発表した韓国アーティスト最高売上（前アルバムの339万9302枚）を自ら最多更新。

・8月21日　デジタルシングル『Dynamite』をリリース。
すべての歌詞を英語で歌う初の試みを取り入れ、世界的大ヒット。

ミュージックビデオは公開24時間で1億110万回再生され、YouTubeにおける24時間最多再生回数を記録。

Billboard Hot 100では初登場1位を獲得し、2週連続で首位を記録。

・10月2日　ジェイソン・デルーロ、Jawsh 685とのコラボレーション楽曲『Savage Love（Laxed-Siren Beat）（BTS Remix）』をリリース。
10月17日付のBillboard Hot 100で『Dynamite』に続く2度目の首位を獲得。

・10月14日　ビルボード・ミュージック・アワード2020にて、トップ・ソーシャル・アーティスト賞を4年連続で受賞。

・11月20日　7thミニアルバム『BE』を発売。タイトル曲『Life Goes On』は、Billboard Hot 100で3度目となる首位を獲得。

・11月22日　アメリカン・ミュージック・アワード2020にて、フェイバリット・デュオ／グループ・ポップ／ロック賞とフェイバリット・ソーシャル・アーティスト賞の二冠を受賞。

・12月5日　第12回Melon Music Awardsにて、3つすべての大賞を含む六冠を受賞。

・12月6日　第22回Mnet Asian Music Awardsにて、4つすべての大賞を含む八冠を受賞。

〈2021年〉

・3月15日　第63回グラミー賞に出演し、『Dynamite』で初の単独ステージを披露。最優秀ポップ・デュオ／グループ・パフォーマンス部門に、アジア人歌手として初めてノミネート。

・5月21日　デジタルシングル『Butter』を発売。『Dynamite』に続く2曲目の英語曲。ミュージックビデオは、24時間で再生1億820万回を記録し、『Dynamite』のYouTubeにおける24時間最多再生回数記録を約10カ月で更新。Billboard Hot 100では6週連続で首位を記録。

・5月24日
ビルボード・ミュージック・アワード2021にて、トップ・デュオ/グループ賞、トップ・ソング・セールス・アーティスト賞、トップ・セールス・ソング賞、トップ・ソーシャル・アーティスト賞の四冠を受賞。

・7月9日
2ndシングルアルバム『Butter』を発売。収録曲『Permission To Dance』は『Butter』に続く3曲目の英語曲。ミュージックビデオは公開から52時間で再生回数1億回を突破、通算34本目の1億回再生を超えるミュージックビデオとなり、韓国アーティストの最多記録を更新。『Butter』『Dynamite』『Life Goes On』『Permission to Dance』で、YouTubeプレミアムミュージックビデオ歴代最多視聴記録の1位から4位をすべて獲得。

and more……

6th Chapter

JIMIN on Backstage

素顔のJIMIN

デビュー直前に用意されていたJIMINの〝芸名〟

BTSメンバーの中で本名以外の芸名を使用しているのは、RM（ラップモンスター）をはじめ、7人中5人。

JINのように本名〝キム・ソクジン〟の一部を芸名にしているメンバーもいるが、JIMINとJUNGKOOKの2人だけが本名をそのまま芸名に使用している。

【RM アールエム】キム・ナムジュン／Kim Nam-Joon

【JIN ジン】キム・ソクジン／Kim Seok-Jin

【SUGA シュガ】ミン・ユンギ／Min Yoon-Gi

【J-HOPE ジェイホープ】チョン・ホソク／Jeong Ho-Seok

【JIMIN ジミン】パク・ジミン／Park Ji-Min

【V ヴィ】キム・テヒョン／Kim Tae-Hyung

【JUNGKOOK ジョングク】チョン・ジョングク／Jeon Jung-Kook

そんなＪＩＭＩＮについて長年囁かれていたのが――

「実はデビュー直前に、いくつかの芸名が用意されていた」

――という噂だ。

「今となってはどんな芸名が用意されていようとも、ＪＩＭＩＮはＪＩＭＩＮのままですけどね。それにＡＲＭＹや古参ファンはＲＭを〝ナムシ（ナムさん）〟、ＳＵＧＡを〝ユンギ〟、Ｊ‐ＨＯＰＥを〝ホソク〟と呼ぶので、芸名なんてあってないようなもの。Ｖのニックネーム〝テテ〟にしても、本名のテヒョンから来てますからね」（韓流ウォッチャー氏）

では実際、ＪＩＭＩＮにはどんな芸名が用意されていたのか。

「つい最近、本人が認めたのは〝Ｂａｂｙ‐Ｊ〟と〝Ｂａｂｙ‐Ｇ〟です。その2つに絞られる前は〝Ｂａｂｙ‐Ｂａｂｙ〟なんていう名前も候補に挙がったとか。今でこそ中性的な美しさがＪＩＭＩＮの売りの一つですが、デビュー前は〝赤ん坊のようにツルツルの肌〟が特徴だったそうです。それで事務所スタッフが〝Ｂａｂｙを付けよう〟と言い出したものの、ＪＩＭＩＮは『**自己紹介する時に恥ずかしい**』――と却下したのです」（同前）

〝Ｂａｂｙ‐Ｊ〟のＪＩＭＩＮも見てみたかった気もする……。

『その時は高校生だったから、
大人（スタッフ）に対しあまり強く自己主張することが出来なかったんだけど、
でも自分の中でファンの皆さんの前で
「こんにちは。Baby-Jです」「こんにちは。Baby-Gです」
――って挨拶するシーンを想像したら、やっぱり変だし恥ずかしい（笑）。
Rap MonsterやJ-HOPE、SUGA、Vなんて芸名に混じって、
〝Baby-J〟があるの、絶対に浮いちゃうと思わない？』〈JIMIN〉

でももし〝Baby-J〟が不評だったら、Rap Monsterが途中から〝RM〟と芸名を短くしたように、Baby-Jから〝JIMIN〟に変える手段もあったのでは。

『釜山から出てきて〝Baby-J〟っていう芸名でデビューしたら、
それこそ〝田舎の高校生がちょっとカッコをつけようとしてハズした〟風に見えるじゃないですか（苦笑）。
それにもう1つの〝Baby-G〟は、
同じ名前の時計が、有名な〝G-SHOCK〟の姉妹バージョンであるからね。
さすがにイタい〝パクリ新人〟にはなりたくない』〈JIMIN〉

結局、本名でデビューしたことは、今思えば〝正解〟だったのだろう。

「ちなみにファンクラブの総称であり、熱心に応援してくれるファンのことを世界的に〝ARMY〟と呼んでいますが、このARMYについても他の有力候補があったと聞いています。それが〝Bell（ベル）〟で、しかもそれなりに正当な理由が通っている。今でこそ〝ARMYで良かった〟とメンバーとスタッフも言っていますが、当時はギリギリまで〝Bell〟のほうが優勢だったそうですよ」（同前）

なぜ〝Bell〟が優勢だったのか？――については、RMが的確に説明している。

『皆さんもご存知の通り、BTSは韓国語の〝防弾少年団〟で、ずっと〝バンタン〟と呼ばれていました。

〝Bell〟を韓国語で発音すると〝バンウール〟になるから、「バンタンとバンウールのペアリングはどうだろう？」――という意見が出たんです。

同じ〝バン〟から始まればみんなピンと来るし、英語で言えば「Ring the Bell」の引っ掛けにもなる。

僕たちメンバーも「〝Bellを鳴らし、音を出して騒ごうよ！〟をスローガンにしたいね」――って、すごく前向きに感じたんです。

それに韓国には〝大鐘賞〟という、権威のある映画賞もありますから』〈RM〉

しかし最終的には――

『一体感があって、より前向きに応援してくれる』〈RM〉

――というイメージの〝ARMY〟に。

『ある時、「Bellのほうがノベルティーを作りやすかったかも」……なんていう意見が出たぐらいで、メンバーみんな〝ARMY〟で大賛成！

「〝Baby-J〟よりも〝JIMIN〟で良かった」――と、同じぐらい大賛成してくれてるよ』〈JIMIN〉

もしもJIMINの芸名が〝Baby-J〟だったとしたら……。

でもやっぱり、メンバーも大賛成しているように、JIMINは〝JIMIN〟のままがいい――。

JIMINがARMYに贈った〝最大級の感謝とリスペクト〟

BTSにとって3曲目の英語曲になる『Permission to Dance』が、米ビルボードのメインシングルチャート〝HOT100〟で初登場1位を記録。

同曲はそれまで7週連続1位を記録していた（BTSの）2曲目の英語曲『Butter』とバトンタッチしたかのように、入れ替わりでトップに立った。

「これまでにビルボードHOT100で1位を記録したBTSのオリジナルシングルは、初の英語曲『Dynamite』を皮切りに韓国語曲の『Life Goes On』、そして『Butter』『Permission to Dance』と堂々の4曲連続です。HOT100にランクインする曲には日本のアイドルがリリースする〝オンラインイベント参加券〟など付いていませんから、本当にBTSが世界的なヒットメーカーであることの証」（K-POPライター）

その快挙には世界中のファンが沸きに沸いたが、メンバーも興奮を隠せない様子でコメントを発している。

『長い間、皆さんには会えずにいて、
僕らは活動における喜びや悲しみに少し鈍感になっていました。
だけど今日は、無性に踊って楽しみたい。
こうした感情を抱かせてくれて、本当に光栄でありがたく思っています。
いつか皆さんと会って、喜びを分かち合いたい』〈RM〉

『踊ることを許可する。
今日は楽しく踊ろう!
(『Permission to Dance』のタイトルに掛けて)』〈SUGA〉

『これで8週間連続の1位だなんて信じられない。
みんなの期待に応えられるように、僕ももっと一生懸命に生きていく。
本当にありがとう』〈JIN〉

それぞれのキャラクターが窺い知れるコメントだが、中でもJIMINの写真付きメッセージは、ファンのSNSに「なんて心が伝わるメッセージなんだろう」「JIMINを好きで良かった」「これからもずっとJIMIN推しで生きていく！」など、絶賛に次ぐ絶賛の嵐が吹き寄せていたという。

果たしてそれは、どんなメッセージなのだろう。

「素直に『Butter』の7週連続を1位で引き継いだことに対して**『これは本来あり得ることなんでしょうか』**と驚きのメッセージを綴ると、**『どんな言葉を言えば、この気分が皆さんに伝わるでしょうか』**――と続けました。そしてひざまずいて深々とお辞儀をする〝クンジョル〟をした自分の写真と共に、**『皆さんの大きな愛と応援に、改めてもう一度心からの感謝を申し上げます。これからも僕たちは精一杯生きていきます。どうか皆さんにも幸せが訪れますように』**――とのメッセージを添えたのです」（同前）

韓国の映画やドラマでしばしば登場する〝クンジョル〟。

クンジョルの語源は〝クン＝大きい〟〝ジョル＝お辞儀〟とそのままで、韓国では最も丁寧なお辞儀のこと。特に男性の場合、額の前で手を合わせたまま地べたに付けるクンジョルは、最大級の感謝やリスペクトを意味している。また「本当に尊敬しています」「あなたに仕えます」などの意味も持っている。

そのクンジョルをJIMINがファンに向けて贈ったことは、彼が――

『自分たちがあるのはファンの皆さんのおかげ。
その感謝を言葉だけではなく態度でも示したい』

――と、心から願っていたからこその行動だろう。

『僕はそれが当然だと思うし、
ファンの皆さんにはそれだけ感謝しているのだから、
クンジョルをしたことが大きく取り上げられたほうが不思議でした。
BTSのメンバーも、
HOT100でこんなに1位を獲れたことが当たり前だなんて誰も思ってないし、
きっと心の中ではみんな、ARMYに対してクンジョルしてると思うよ』〈JIMIN〉

トップスターの自分でも、ファンにクンジョルで感謝を伝えるのは『当たり前』と言い切るJIMIN。
それが全然当たり前じゃないからこそ、こんなに大きな話題になったのだが、JIMINの素直な想い、
そしてメンバー全員のARMYに対する感謝の気持ちは十分すぎるほど伝わってくるメッセージだ。

JIMINの温かい心が広げる〝他人を思いやる気持ち〟

韓国をはじめ、日本、そして世界へと拡がるBTSの影響力。

そんな中、韓国国内よりも世界で注目されている現象が、JIMINの〝イプドク妖精〟ぶりだ。

「〝イプドク〟とは韓国語で〝オタク＋入る＝オタク入門〟という造語で、それまでアイドルグループに興味がなかった人が、あるメンバーをきっかけに初心者オタクになる、その入口となったメンバーを指しています」（K‐POPライター）

今やBTSで最も勢いがある〝イプドク〟的な存在はJIMINで、それゆえに彼を〝イプドク妖精〟と呼ぶのだ。

「JIMINの韓国や日本での人気はもちろん高いですが、それよりも彼の欧米での〝イプドク妖精〟ぶりは半端ないです。まずミステリアスでセクシーなルックスと、抜群のパフォーマンスレベル。時おり見せるはにかんだ笑顔に、いかにも人柄の温かさを象徴する発言。アイドルとしてのポテンシャルに人間性を加味し、そのトータルで欧米ファンを虜にするのでしょう」（同前）

BTSへのインタビュー経験もあり、またARMYの間でも有名なJIMINファンのBBC Radio1司会者アデル・ロバーツは、2018年にJIMINのことを「Once You Jim・in, You don't Jim・out（一度ジミンインするとジミンアウトできない）」という名言を生み出している。

さらに同じくイギリス出身のインフルエンサーでもあるオリ・ロンドンは「JIMINのようになりたい」と願い、何と2013年以降、現時点で18回もの整形手術を敢行。2020年1月にはラスベガスでJIMINの等身大パネルと〝結婚式〟を挙げたことで話題になった。

「有名人の間にも、堂々とJIMINの熱狂的なファンであることをカミングアウトする者が現れています。別の見方をすればJIMINのファンであることをカミングアウトすることが〝恥ずかしくない〟ほどJIMINは、そしてBTSは社会的にも認められた存在といえます」(同前)

その証拠にアメリカのビルボードは、公式サイトの〝HOT 100〟トップページのサムネイルにJIMIN、BIA&ニッキー・ミナージュ、ポスト・マローンの写真を掲載。

興味深いのはBTS7人の写真ではなく、JIMIN単独の写真だったこと。

これも、特にJIMINのビジュアルが欧米での人気の高さを誇っていることに他ならない。

「しかしＪＩＭＩＮの本当の魅力は、パフォーマンスやルックスだけではなく、ファンのみんなを巻き込む影響力の高さにあります。ＪＩＭＩＮをはじめBTSメンバーがボランティア活動や寄付を積極的に行う姿に、アジア各国のＪＩＭＩＮファンは〝ＪＩＭＩＮの温かい心を一緒に分かち合いたい〟として、ＪＩＭＩＮをお手本に様々なボランティア活動や寄付を実践しています」(同前)

本国の韓国のファンたちも、ＳＮＳに「#ＪＩＭＩＮのように_心を分け合う」のハッシュタグを付け、ボランティア活動や寄付に励んでいる。さらに中国のファンたちは済州航空の機体にラッピング広告を展開、大きな話題を集めたほどだ。

『ARMYや僕のファンが進んでボランティア活動に興味を持ってくれたことは、BTSのJIMINはもちろんのこと、パク・ジミンという一人の人間としても本当に感謝の言葉しかありません。世界はパンデミックで自分を守ることが精一杯なのに、そんな中でも他人を思いやれる気持ちを持ってくれている。僕の誇りは、そんなファンの皆さんです』〈ＪＩＭＩＮ〉

ＪＩＭＩＮの温かい心が広げる、ボランティア活動や寄付の輪。

そんなＪＩＭＩＮは、世界中のファンの〝誇り〟なのだ。

JIMINオリジナルの〝オシャレ力〟

「どうしても日本ではBTSのファッションアイコンとしてVやJUNG KOOKの発信力が目立ちますが、しかし韓国では、ARMYのみならず一般のアイドルファンの間にもJIMINのオシャレ力は広く知られています。いずれにしてもマンネラインのファッションは常に注目を集めていますね」（韓流ウォッチャー）

韓国の投票型ランキングサイトが開催した「自分だけのブランド服を作って欲しいファッションキングは?」というアンケートで、得票率76.16%という断然の支持で1位に輝いたJIMIN。

「なぜJIMINに〝ブランドを立ち上げてもらいたいのか?〟というポイントには、〝天才的な着こなし〟〝自分を表現する術を知っている〟〝何を着てもオーラに溢れている〟〝絶対に話題になる〟などの声が多く、〝JIMIN＝オシャレ〟はもはや常識のように感じます」（同前）

日本ではどちらかというと、アイドルの私服よりもステージ衣裳に注目が集まる。アイドルが高額私服を着用していると、それに対して「生意気だ」という目で見る一般視聴者も多い。

「ジャニーズ事務所のアイドルたちも、バラエティ番組の私服チェックではあえていつも着る服よりも安い物を着用し、時計やアクセサリーを外したりしています。それは日本と韓国のスターに対する〝好感度〟の違いで、日本では質素なほうが好感度が上がる。しかし韓国には〝空港ファッション〟という言葉があるように、スターはどこにいてもスターに相応しい格好を求められるのです」（同前）

追っかけファンや〝マスター（取りまとめ役のファン）〟が待ち受ける国際空港では、これから海外に仕事に向かうアイドルたちがどんなファッションで登場するか、常に見られていると言っても過言ではないだろう。

JIMINの場合、いくつか例を挙げてみると――

①2019年7月14日、BTSワールドツアーで金浦国際空港から関西国際空港へ出国。この日は、イヴ・サンローランのデニムシャツにニット帽、足元はグッチのローファー。リュックもサンローラン。

②2019年12月30日、『ディック・クラクス・ニューイヤーズ・ロッキング・イブ』生放送に出演するためにニューヨークへ。サンローランのボアジャケットにシャープなサイドラインが入ったジャージ。足元はアクネ・ストゥディオズのマンハッタンスニーカー。

③２０２０年2月20日、仁川国際空港からニューヨークへ。クリスチャン・ディオールのブラックコートにフォレストグリーンのニットを合わせ、サングラスと帽子はお気に入りの韓国ブランドからチョイス。

――といった具合だ。

また最近はシャネルやグッチもお気に入りで、サンローランも相変わらず愛している様子。

しかしこれだけ空港ファッションが露になり、ハイブランド側からも「ぜひともウチの商品を提供させて欲しい」と頻繁にアプローチがあるにも関わらず、所属事務所側は〝メンバーはファッションブランドとの契約はしない〟方針を貫いている。

「7人それぞれのコンセプトに基づき、メンバーは自分の好きな服を空港ファッションや私服に取り入れています。どこかと契約してしまえば、そのブランドが〝売りたい〟ファッションをしなければならない。ＢＴＳは私服を自腹で購入しているので負担も大きいが、だからといってそのためにポリシーを変えることは出来ない。それが韓国のアイドルファンの間でも知られているので、余計にそのファッションセンスに注目と支持が集まるのです」（同前）

ＪＩＭＩＮの空港ファッションは、ブランドやメーカーが知れるとすぐさま完売してしまうという。

しかしファンの皆さんも、サンローランやシャネルをそう簡単に買うわけにはいかないだろうに……。

「そのためにということもないでしょうが、ＪＩＭＩＮは韓国のストリート系ブランドも愛用していて、特にサングラスや帽子、アクセサリーなど、手の出しやすい価格帯の物を上手く使ってますね。ハイブランドと自国のストリート系ブランドの組み合わせにも、彼の主張が見え隠れしていますし、スリムな体型を生かして女性サイズの服をサラリと着こなしたりもしています」（同前）

そんなＪＩＭＩＮがよくチョイスする韓国のストリート系ブランドには、ＶＩＶＡＳＴＵＤＩＯ、ＢＡＤＩＮＢＡＤ、ＩＮＳＴＡＮＴＦＵＮＫ、ＳＨＥＴＨＩＳＣＯＭＭＡ、ＶＥＲＵＴＵＭ、ＵＮＡＬＬＯＹＥＤなどがあり、さらには自らストリートに足を伸ばし、常に最新ファッションをチェックすることも怠らないそうだ。

『ファッションに関しては、自分の直感とセンスを信じてます。
お気に入りのハイブランドはたくさんあるし、
韓国のストリート系は今本当にいい物を生み出しているから、
自分としては感性に合えば(ブランドの)名前には全然こだわりません。
大切なのは、自分がその服を着たりバッグを持ったり、アクセサリーを着けたりした時に、
〝ワクワクする〟かどうか。
せっかく新しい服を着てるのに、気持ちが高ぶらないと意味がないもの(笑)』〈JIMIN〉

ひと言では括れない、JIMINのファッションセンス。
そこには彼だけのオリジナルがあるからこそ、誰からも憧れられるのだ。

JIMINが乗り越えてきた〝葛藤〟、築き上げられた〝メンバーとの絆〟

〝BTSのダンスメンバーといえば?〟というアンケートを取ると、J-HOPEと共に最も多く名前が挙がるJIMIN。

『そもそも僕は、(自分で) ダンスが得意だと思ったことはありません』

しかし本人はそう言って苦笑いを浮かべる。

『確かにダンスは好きだし、子供の頃からずっと踊ってる。
やればやるほど面白くて、友だちと踊ったりレッスンに通うことが、
僕の生活の一部を占めるようになっていきました。
ダンスをしている間は余計なことを考えなくていいし、
ストレスフリーの時間を過ごすことが出来る。
それはまるで、僕の心と体に自由の羽根が生えて、
僕だけの無重力空間に運ばれているような感覚でした』〈JIMIN〉

デビューから8年経つ今も、JIMINは子供の頃と同じパッションを持ち続けている。

だからこそダンスは〝得意〟ではなく『僕が僕でいるための〝最高の答え〟』なのだ。

『デビューした時の僕は誰よりもトレーニング期間が短くて、
当時は最後に選ばれる自信もなかったし、デビューを目指す心の準備も出来ていませんでした。
もちろん今も欠点がない完璧な人間ではありませんが、
僕とBTSのパフォーマンスを楽しみに待っていてくれる、
変わらずに愛してくれているファンの皆さんのために、
完璧な人間になりたいと思い続けています。
だって僕がミスを犯す場面を見たら、
僕を待っていてくれたファンの皆さんをガッカリさせてしまうから』〈JIMIN〉

JIMINの完璧主義は、時おりメンバーやスタッフの議題に上るそうだ。

周囲はJIMINに「肩の力を抜け」「自分に厳しすぎる」とアドバイスを送るが、JIMINは一時期、そんなアドバイスを拒否していた自分がいたと明かす。

『自分に足りないところ、
もっと努力をしなければいけないところを指摘されると、
無性に腹が立っていました（苦笑）。
「僕はやっているよ、精一杯努力しているよ」——と』〈JIMIN〉

イラつく気持ちもわかるが、しかし今では——

『努力不足を指摘されるのはありがたいこと。
もっと頑張るモチベーションに繋がる』

——と考えられるようになってきたと振り返る。
そこにはメンバー同士の関係性の変化があるようだ。

『僕は前からメディアのインタビューで――

「長い年月を経て、メンバー間の違いを乗り越えてきた」――と発信してきましたが、
みんな性格も違うし、それによって衝突することは、どのグループにもあることだと思います。

自分は他のメンバーよりも慎重で内向的な性格ですが、
一方にはもっとスピーディーにチャキチャキと物事を捗らせたいメンバーもいる。

彼らはアクティブで社交的で、また僕よりもずっと内向的でのんびり屋のメンバーもいる。

そういう人間の集まりは、異なる性格が当然のように衝突し続けてしまう。

その繰り返しを経て、今はお互いを尊重するようになれた。

他人よりのんびりしていても、他人よりせっかちでいても、そんなの全然関係ない。

待つことが求められる状況もあれば、お互いに疑問をぶつけ合わなきゃいけない状況もある。

個々の性格は変わらなくても、〝グループの性格〟として受け入れられるようになったんです』

〈JIMIN〉


それは釜山出身のパク・ジミンではなく、〝BTSのJIMIN〟として考えられるようになったからだろう。

『アルバム制作や音楽作りに対し、メンバーのみんなは本当に誠実で懸命に向き合っています。

簡単に聞こえるかもしれませんが、音楽作りはたくさんの時間と努力を必要とする。

BTSは今、すべての時間と努力を音楽に捧げ、最高の音楽を作らなければならない。

メンバーと制作チームが一丸となってアルバム作りに取り組み、
それで満足のいく結果を出せたことで、お互いに対する理解も深まったと思います。

またそれ以外にも――

「自分自身のことを本当に愛し、強くなって欲しい」

――この想いは心のどこかに留めておかなければならない言葉だと自分自身に言い聞かせています。

周りの人たちに対してピリピリしすぎていた自分に失望し、
原点に立ち返らなければいけないとも思いました。

原点に戻ることで、昔の自分を取り戻したい。

ささやかかもしれないけど僕の中に〝前向きな変化〟が生まれたことで、
メンバーやスタッフのポジティブな反応を感じるようになりました』〈JIMIN〉

ダンスに賭ける情熱と、相反するパフォーマンスに対する葛藤。
お互いに性格が違う者同士、メンバー同士で乗り越えてきた道程の先に〝本物の絆〟が見えてきた。

『今の僕はBTSのメンバーではない自分を想像することが出来ないし、
将来的にもメンバー抜きに自分が一人で何をやるかも考えられません。
これからもメンバーと仕事を続け、歌い続け、
年を取りすぎて踊れなくなったら、他のメンバーと一緒にステージに腰を下ろし、
歌を歌ってファンの皆さんと交流したい。
すごく素敵な時間が過ごせると思いませんか?』〈JIMIN〉

そんな素敵な未来、ぜひとも実現させて欲しい――。

7th Chapter

V on Backstage

素顔のV

Vが〝手話〟を通じて贈るメッセージ

「『Permission to Dance』のミュージックビデオでメンバーの〝手話〟が世界的な話題になりましたが、Vはもともと、聴覚障害を持つファンと接するために手話を学んでいたんです」

(K-POPライター)

『Permission to Dance』で手話をリードしたVは、誰よりも早く聴覚障害者のファンに対して手話でコミュニケーションを図っていた。

『僕らに対しての愛を言葉で伝えたくても、聴覚障害者の方はその手段が限られてしまう。

でも同じ聴覚障害者同士では、

〝手話〟というコミュニケーションツールを使って意思の疎通が図れる。

つまり僕らが手話を覚えさえすれば、問題なく会話することが出来るんですよ。

もちろん多くのアイドルもそれに気がついてはいるけど、
一から手話を習得するのはなかなか難しいし、時間もかかるからやらないだけ。

でも僕はやった、それだけの話。

それに手話は世界共通で言語の壁がない分、覚える価値はめちゃめちゃ高いと思いますよ』〈V〉

ファンとの意思疎通のため、国際手話を会得して細心の配慮と真心を見せてくれるV。

たとえば昨年の6月、BTSが参加した『Dear Class of 2020』イベントでは、卒業生にお祝いと激励のメッセージを送りながら、Vは両手を挙げて左右に振る「お祝いと応援を意味する」手話で締めてくれた。

イベントの視聴者とARMYはすぐに手話の意味に気づき、Vの温かい心が大きな感動となってSNSを熱くした。

「『Permission to Dance』の前の曲、ビルボードHOT100を席巻した『Butter』では、左の手のひらの上に右の人差し指と中指を当てる〝バター〟の手話をBTS公式Twitterに上げると、聴覚障害者のARMYを助けるファンベース『Deaf Army Education』には〝皆さん！テヒョンが『バター』のサインをしてくれています。幸せすぎて泣きたいです〟という一文が掲載され、さらにVに宛てて〝本当にありがとうを伝えたい。私たちはどんなお返しをすればいいのかわかりません。ずっと涙が止まりません〟と、感謝のメッセージが贈られました」（同前）

さらに『Permission to Dance』ミュージックビデオの手話が世界に広がると、WHO（世界保健機関）テドロス事務局長が、

「手話を活用した振付で、数多くの聴覚障害者が音楽を楽しむことが出来るようにしてくれている。本当にありがとう」

——と異例の言及を行い、感謝の言葉を伝えてくれているのだ。

「またWHOのソーシャルメディア責任者は、Vが『**大変な一日を送っているすべての人にこの曲を捧げたい**』——としたインタビューと写真をアップロードし、頻繁に手話を使う彼の温かい心遣いを絶賛しています」（同前）

『Permission to Dance』がきっかけで手話を習い始めたファンも多く、それを聞いたRMは――

『本当なら最高に嬉しい。
僕らは綺麗事ではなく、
聴覚障害者の方にも音楽を届けたい一心で今回のミュージックビデオを制作しました。
ある意味では予想外の効果だけど、
手話をマスターする人が増えれば増えるだけ、
世界共通のコミュニケーションの輪も大きくなる。
そのど真ん中とまでは言わないけど、輪の中心に近いところで力になりたい』

――と話している。

これまでにBTSが、そしてVが手話を通じて愛と真心を贈り続けてきたからこそ、新たな展開が生まれたのではないだろうか。

そしてVはこんな風にも語っている――。

『いつか手話がごく当たり前のコミュニケーションの手段として、
人々の生活の一部になってくれたら嬉しいですね。
今はまだ大半の人が手話を特別なことと思っているから、
僕は「そうじゃないんだよ」――と伝え続けていきたい。
こんな僕でも出来るんだから、
その気になれば誰だって使いこなせるってことをね』〈V〉

Vが目指す理想の社会は、きっともう、すぐそこまでやって来ているに違いない――。

Vに寄り添い励ましたJIMINの〝深い友情〟

日本と比べてもインターネットがアイドル界に与える影響が大きい韓国には、人気投票でアイドルをランキングするサイトがいくつも存在している。

そんなランキングサイトの一つ『最愛ドル』では、この7月に「マスクをつけていても輝いている男性アイドル」のテーマで投票を実施。

7月14日から21日までの1週間で、Vが有効投票数の半分以上を獲得して1位に輝いた。

まさにコロナ禍ゆえのテーマだが、VがK‐POPを代表するビジュアルの持ち主であり、SNS上では「顔をマスクで覆っていても美しさが突き破って出てきそう」「彼の高い鼻はマスクの中でも存在感を発揮し、立体的な顔をより引き立たせている」「大きくて美しい目は、マスクをつけることでさらに注目を集めた」などと、マスクをつけていても隠すことが出来ないVのビジュアルは、多くのファンをときめかせているようだ。

しかし――

『そういうアンケートは韓国芸能界の文化の一つだと思ってるけど、自分のビジュアルばかりにスポットが当たるのは、正直なところ〝仕事によっては〟あまり嬉しくはない』〈V〉

――と本人が溢す本音は、一体何を意味しているのだろうか。

「Vのビジュアルは2016年から2017年にかけて放送されたドラマ『花郎』でも話題になりましたが、主人公のムミョンを演じたパク・ソジュンの周辺キャストを男性アイドルグループのメンバーが占め、その演技力についていくつか論争みたいなものがあったんです。そしてVは、彼らの中でも〝ルックスだけ〟と、やや下に評価されることが多かった」（韓国ウォッチャー）

『花郎』に出演していたアイドルグループのメンバーは、Vの他にはZE：Aのパク・ヒョンシク、SHINeeのミンホ。

2人共『花郎』がドラマ初出演だったVよりもキャリアが長く、映画やドラマにも数多く出演して場数を踏んでいる。2016年時点で比較されれば、圧倒的に分が悪いのは当然だろう。

パク・ソジュン、パク・ヒョンシク、ミンホ、そしてVと来れば、かつての大ヒットドラマ『トキメキ☆成均館スキャンダル』でのパク・ユチョン(元東方神起)、ソン・ジュンギ、ユ・アインらを彷彿させる青春時代劇。

なるほど、Vが〝仕事によっては〟あまり嬉しくはないというのは、こういったドラマの場合、ビジュアル先行で評価を下されたことに対するトラウマのようなものか。

『花郎』出演当時、一部のSNSで「Vはやっぱり顔だけ」などと叩かれたことで自信を失い、BTSに戻っても意気消沈していたVに、JIMINが――

『演技力を上げてやることは出来ないけど、話を聞いて、そばにいることは出来る』

――と寄り添い、Vは、

『どれほど心が助かったかわからない』

――と振り返っている。

「そういう時はBTSのメンバー同士というよりも、大邱（テグ）から上京したV、釜山（プサン）から上京したJIMIN、同じ慶尚道（キョンサンド）出身で同い年の2人だからこそ〝わかり合える何か〟があったのでしょう」（同前）

ファンやARMYの間では、1995年生まれの2人は『95z（クオズ）』と呼ばれて愛されている。

また上京した練習生の時には韓国芸術学校に通った唯一の同級生同士は、ファンからも〝萌え〟の対象で見られてきた。

『辛い時も嬉しい時も、常に一緒に泣いて笑ってくれた友だちはJIMINしかいない――。

それは練習生の頃から今も、ずっと変わらない気持ちです。

特に自分としては、初めての演技の仕事で戸惑うことばかりの『花郎』で、

いろいろと言われて本当に落ち込んでいた時、

JIMINに『そばにいることは出来る』――と言われた安心感は、

間違いなく一生の友だちだからこそ感じる感情でした』〈V〉

『花郎』以降、本格的なドラマ出演がないVだが、次は視聴者に「ルックスも一番だけど演技も一番だ」と言わせるような、そんな作品に出会って欲しいものだと熱望している。

そして間違いなく、いずれ〝これがVの代表作〟と評価される作品に出会うはずだ。

Vに芽生えた〝新たな意欲〟

先ほど触れた韓国のTVドラマ『花郎』での共演を通し、パク・ソジュンとの友人関係を継続しているV。

「韓国の芸能人は番組での共演をきっかけに友人関係に至ることが多く、日本と違い、事務所や所属レーベルがどこであるかはあまり気にしません。それに日本のような堅苦しい上下関係ではなく、年上男性には〝ヒョン〟〝オッパ〟、女性には〝ヌナ〟〝オンニ〟で呼べてしまいますからね。個人的にはそのほうが親近感を感じたりします」（K-POPライター氏）

ちなみにパク・ソジュンはVよりも7才も年上で、BTS内でもそこまでの年齢差はない。

またパク・ソジュンを介して『新感染 ファイナル・エクスプレス』や『パラサイト 半地下の家族』などでお馴染みのチェ・ウシク（1990年生まれ）とも友人になったり、Vの愛されキャラは役者たちの間にも広がっている。

「本人は『花郎』の経験で少し懲りたのか、『演技の仕事は30才を越えてから考えたい』——と話していますが、カナダの国籍を持つチェ・ウシクには『一緒にハリウッドに殴り込もう』——などと誘われているそうです」(同前)

そしてパク・ソジュンが主演したドラマ『梨泰院クラス』では、ドラマの挿入歌でありオリジナルサウンドトラックの1曲でもあるソロ曲『Sweet Night』をリリース。友情の証として参加したことが称賛された。


『『Sweet Night』は、もともとは僕のミックステープ用に制作していた、パーソナルな楽曲のひとつです。

「今夜はぐっすり眠りたい」と心の底から願った時の気持ちが発想の原点ですけど、『梨泰院クラス』の世界観にちょうどハマったと感じています。

BTSのVではなくキム・テヒョンが友人のパク・ヨンギュ(※パク・ソジュンの本名)に贈った、あくまでもパーソナルな間柄での曲』〈V〉

ここで改めて触れるまでもなく、ＢＴＳ結成当初から歌手、作曲家、プロデューサーとして活躍するＶにとっては、いわゆる損得勘定で提供した曲ではない。

「〝ソロ曲〟ということもあって、Ｖが〝尊敬する友人に贈った、自分に出来る最高のプレゼント〟だったのでしょう。ＢＴＳの楽曲でも表現力に富むディープな声がストレートに響きますが、Ｖの声は高音域を得意とする他のメンバーとは対照的で、とても心地良く聞こえてくる。そもそもはサックス奏者としてミュージシャンの道を歩み始めたＶは、サミー・デイヴィス・Jr.、サム・クック、コールドプレイなど、ＢＴＳでも屈指の多彩さを見せていますからね」（同前）

そんなＶにとって、ファンの前で音楽をパフォーマンスすることが出来ないコロナ禍を、どのように感じているのだろうか。

『コロナ前はすべてが忙しすぎて、一つのことに集中することが出来なかった。新しいことにチャレンジしたくても、浅いアプローチしか取ることが出来なかった。そういう意味では自分の時間が持てるようになって、プロデューサーとして深く音楽と関わるようにしていました。より多くのエネルギーを注いで、たくさん音楽を聴いて、いろんなことについて考える時間がありました。するとシンプルだった僕のメロディーに、いい意味での複雑さが出てきてくれたんです』〈V〉

たくさんの音楽に触れたことで、Vの世界が広がった。

『音楽における僕のヒーローはたくさんいて、たとえばその一人のエルヴィス・プレスリーでも、特に彼が年を重ねた後期のエルヴィスが好きなんです。有名な曲はたくさんありますが、隠れた名曲を探し出す作業は何ともたまらなく楽しい（笑）。作品を通してそういう気持ちにさせてくれるヒーローたちのように、僕もいつか音楽の楽しさ、音楽を聴く喜びを与えられるような、そんなヒーローになりたいんです。自分が有名になるとかヒット曲を連発するとかじゃなく、誰かのヒーローでいたい』〈V〉

興味深いのはそれが、音楽にとどまらないことだ。

「Vは適度に懐かしい昔の映画が大好きで、『ゴッドファーザー』『レザボア・ドッグス』が一番のお気に入りだそうです。あまりにも名作すぎて〝逆に見るのをためらっていた〟『ゴッドファーザー』をコロナ禍の間に見て、ゴッドファーザーを演じたマーロン・ブランドのカリスマ性、登場したすべての俳優に『心を奪われた』――と話しています」（同前）

興味深いのは、そんなVが――

『演技に対するアプローチを学んでみたくなった。
音楽も演技も人を楽しませる、感動してもらえることは同じ。
音楽を演技に、演技を音楽に活かせるようなアーティストになれば、
〝ヒーロー・オブ・ザ・ヒーロー〟になれる』

――と、意外な意欲を見せてくれたこと。

もしかしたら〝30才を越えてから〟の前に、次のステップを踏み出すかもしれない。

その時は間違いなく、Vが新たなヒーローを目指す時だ――。

〝Vロード巡礼〟へ贈る感謝の言葉

『まさか自分が撮った写真が、何年かしてあんな使われ方をするとは想像もしてなかったよ。もちろん光栄なことなんだけどね』〈V〉

2018年10月のロンドン公演で同地を訪れた際、テムズ河とリージェント通りで記念撮影をしたV。その写真は公式SNSで公開されたが、それから3年近く経った今、再び大きな注目を集めることとなった。

「今年の7月、BTSはイギリスの公営放送BBC Radio 1の『Live Lounge』という番組に出演しましたが、そこでオンラインによるインタビューを受け、過去にロンドンを訪れた際の思い出話を披露したのです」(K‐POPライター)

BTSは先に挙げたロンドン公演を行い、そして翌年の2019年6月には韓国の歌手で初めて〝サッカーの聖地〟と呼ばれるウェンブリー・スタジアムで、まさに歴史に残るコンサートを行っている。

「当時、世界中からロンドンに集まったARMYは、Vが記念撮影を行ったテムズ河とリージェント通りの〝同じ場所〟で〝Vと同じポーズ〟で写真を撮る〝Vロード巡礼〟を行い、現地では大きな話題になりました」(同前)

日本でもこの手の〝聖地巡礼〟は盛んに行われている。

「そしてBBCの放送が終わった直後、ロンドン市長や観光産業課の関係者が、〝#LetsDoLondon〟のハッシュタグと共に、改めてVのSNSをリツイートや共有したりしたのです」(同前)

この〝#LetsDoLondon〟とは、コロナ禍によるロックダウンや飲食店の営業休止を全面的に解除したイギリスが、観光客誘致のために発信しているハッシュタグだ。

「中には〝#LetsDoLondon〟だけではなく、〝#LondonwithTae〟とテテの名前まで利用する関係者もいました。本来ならばストップをかけてもおかしくないところ、BTSがパンデミックに対して様々な活動を行い、またV自身もロンドンを愛していることから、目くじらを立てることはしなかったのです」(同前)

〝#LetsDoLondon〟のハッシュタグはすぐさまTwitterのワールドワイドリアルタイムトレンドとなり、〝#LondonwithTae〟もアメリカやイギリスでトレンド入り。

現地のメディアはこれを「V-effect(V効果)」と呼び、BTSの世界的な影響力を絶賛した。

『2018年の10月、僕は本当にロンドンに来てみたかったので、着いたら荷物も開けずに、すぐにロンドンの街を歩いたんです。その時はパンデミックなんて想像できない時だったから、かなりはしゃいで写真を撮っちゃいました（笑）。
ピカデリー・サーカスでロンドンブリッジを背景に撮影した写真は、当時もARMYの間で話題になったし、ウェンブリー・スタジアムでコンサートをした時も、その前後で世界中のARMYが〝Vロード巡礼〟してくれたことも嬉しかったです』〈V〉

またVはロンドン以外の、世界ツアーで訪れる街についても想いを馳せている。

『世界のすべての街は魅力もすべて異なりますよね。だからたとえ知らない街でも、僕はそこに新しい魅力を発見したいと考えるタイプ。それぞれの街でそれぞれの魅力に触れながら、それを自分の人生の糧にしたいんです』〈V〉

今はパンデミックで先が見えないが、再びBTSが世界ツアーへと乗り出した時、VはARMYに音楽と愛を届けると同時に、パンデミック後の世界の様々な街で、彼の人生の糧となる〝新しい魅力〟を発見していくことだろう。

Vが塗り替えた〝美の観念〟

「Vはこれまでにいくつもの〝イケメンNo．1〟のタイトルを獲得してきました。もちろん本人がそれについてコメントすることはありませんが、でも内心では喜んでいると思いますよ。当たり前ですけど、かなり負けず嫌いな性格ですから（笑）」（韓流ウォッチャー氏）

YouTubeのランキングチャンネルの一つ、〝Top10 World〟。そこで選ばれた「2020年世界で最もハンサムな男10選」で、Vは堂々の1位に輝いた（※今年は現時点で未発表）。

「これまでにもVは、〝Starmometer〟が選ぶ〝最もときめく男性アジアスター100人〟でも2018年からトップを守り、アメリカの〝TC Candler〟が選ぶ〝世界で最も美しい顔100人〟でも1位を獲得。さらには〝Dama．bg〟が選ぶ〝地球で最も美しい男〟、〝Famous STAR 101〟が発表する〝世界で最もハンサムな男〟、〝グローバル・エンターテインメント・サイト〟が選ぶ〝最もハンサムな男性〟、〝グローバル・メディア・ブライト・サイド〟が選ぶ〝世界で最も魅力的な男〟などなど、数え切れないほど多くの〝イケメンNo．1〟に輝いています」（同前）

さて、ARMYの皆さんには今さら感が強いであろう〝世界的イケメン〟のランキングを、なぜ取り上げたのか?

それは先ほど取り上げた〝Top10 World〟の「2020年 世界で最もハンサムな男10選」をきっかけに、遠くギリシャの地でVが大きな注目を集めているからだ。

「ギリシャといえばあのギリシャ彫刻でお馴染みのように〝イケメン=彫りの深い男〟、言い替えれば〝顔の濃い男〟が定番です。しかしもちろんVの美しさは、濃い顔とはほど遠い。決して薄い顔とまではいいませんが、韓国風の東洋の造形美がギリシャ彫刻を破壊するほどの勢いを持ち始めているのです」(同前)

一国の、それもオリンポスの神々の国の〝美の観念〟を、まさにVが塗り替えようとしているのだ。

「そもそも〝Top10 World〟のランキングを伝えたのは、彼の地のテレビ番組〝Star KouKou〟で、言ってみれば世界のセレブやスターの情報を伝える〝ゴシップ系のバラエティ番組〟。そこで〝2020年 世界で最もハンサムな男10選〟について触れたのですが、実は同時にVとBTSの素晴らしさを視聴者に伝えるため、YouTubeで行われた〝オンライン卒業式〟で祝辞とパフォーマンスを贈ったことについても触れたのです」(同前)

昨年6月、YouTubeはCOVID‐19によるパンデミックで卒業式の開催が難しくなった全世界の大学生と高校生、さらに彼らの家族を祝うための仮想卒業式【Dear Class of 2020】を企画。式にはレディ・ガガ、ビヨンセ、オバマ元米大統領夫妻など、この仮想卒業式でなければ集まらないようなスターとセレブが出席。その一員にBTSが選ばれたのだ。

メンバーはビシッとスーツで決め、卒業式の祝辞を述べた。

Vはそこで――

『すごく特別な日、卒業をお祝いします。

みんな容易ではない現実と戦っていますが、
写真1枚、文章1行でも残してこの瞬間を覚えていて欲しい。

今卒業を目の前にして、これから何をすればいいかわからなくて大変な人がいたら、
皆さんの心に寄りかかってみてください。

今は少し大変でも、その終わりにはチャンスと幸運が待っているのではないでしょうか。

時間が過ぎ、この日をいい思い出として思い出させられるように努力する。

そしていつか、皆さんのお話も聞けることを願っています』

――と真摯に挨拶。

「このメッセージがギリシャ女性のハートを射抜いたのです」（同前）
ルックスだけではなく、その人格までも評価され、愛されているV。
いつもは見逃してしまうランキングでも、それがきっかけに広がることもあるのだ。

『今は少し大変でも、その終わりにはチャンスと幸運が待っているのではないでしょうか。時間が過ぎ、この日をいい思い出として思い出させられるように努力する』

Vの言葉にあるように、この大変な状況の終わりに待っているチャンスと幸運を信じて、私たちも日々努力しよう――。

8th Chapter

JUNG KOOK on Backstage

素顔のJUNG KOOK

〝黄金マンネから黄金ヒョンへ〟――JUNG KOOKの華麗なる転身

今や大手芸能事務所にも引けを取らない実力派プロダクションのHYBE（※旧Big Hit Entertainment）。

数年前まで所属タレントがBTSしかいない小規模事務所にすぎなかったHYBEが、今や韓国の株式市場に上場（2020年10月）するほどの実力を持てるようになったのは、すべてBTSのおかげと言っても過言ではない。

「そんなHYBEに所属するBTSの後輩・TOMORROW×TOGHETHER（※以下T×T）とBTSの関係について、T×Tのリードボーカルを務めるテヒョンが、つい最近JUNG KOOKとの交流に触れました。するとBTSの最年少、〝黄金マンネ〟と呼ばれて可愛がられてきた末っ子のJUNG KOOKが、いつの間にやら〝アニキ風〟を吹かせていることまで発覚。ARMYの間では〝あのJUNG KOOKが立派なお兄さんになっている〟と、なぜか涙ながらに語られているというのです」（韓流ウォッチャー氏）

韓国の男性アイドルグループ、女性アイドルグループでは最年少メンバーが特に注目され、可愛がられることが多い。

韓国語では〝末っ子〟のことを〝マンネ〟と呼び、練習生になる前から各芸能プロダクションで獲得合戦が繰り広げられたJUNG KOOKは、その才能や資質を含めて〝黄金マンネ〟と呼ばれているのはご承知の通り。

「BTSがデビューした8年前の2013年、JUNG KOOKは日本でいう15才の高校1年生でした。すでにその時に高校1年生で先輩たちと変わらぬ、時に凌駕するパフォーマンスを見せていたJUNG KOOKは、まさに〝黄金〟のニックネームに相応しい〝マンネ〟。女性ファンの多くもJUNG KOOKよりも年上で、メンバーもファンも彼が可愛くて仕方がなかったのです」(同前)

永遠にこのまま、当時のBig Hit Entertainmentの〝黄金マンネであり続けるのでは?〟と思われていた2017年、所属事務所は〝第2のBTS〟をデビューさせるプロジェクトを発表。そして2019年3月にデビューしたのが〝T×T〟だった。

「デビュー直後、T×T公式ツイッターに先輩のBTSに対するお礼のツイートが上がりました。T×Tはデビュー前から早くも海外ツアーが決まっていて、T×TはまさにBTSが切り拓いた道を歩けばよかったのです。お礼には自分たちが進む方向を〝BTSがお膳立てしてくれた〟感謝の意味も含まれていたのでしょう。するとそのツイートを引用する形で、BTSの公式ツイッターに『**JUNGKOOK兄さんだよ。怪我をせずに活動ファイティン**』――と上がったのです。これにはT×TのファンよりもBTSのファンのほうが大騒ぎでした」(同前)

これまで誰よりも可愛がられ、守られてきた黄金マンネのJUNG KOOKが、自分のことを〝兄さん〟と表している。

ARMYは「JUNG KOOKが自分のことを〝兄さん〟と言っている!」と、しばらくの間、興奮が収まらなかったらしい。

「ファンの気持ちはわかります。JIMINとVの〝95z〟よりも萌え萌えですからね(笑)。さらにその後、JUNGKOOKはたびたびT×Tを気遣い、率先して彼らを応援してくれています」(同前)

それから丸2年以上経った今年の6月。

VLIVE(ライブ動画配信サービス)で配信中だったT×Tのテヒョンが、JUNGKOOKとのプライベートエピソードを語ってくれた。

「JUNG KOOKと同じジムでトレーニングをしているテヒョンが、たまたま同じ日の同じ時間帯にJUNG KOOKのトレーニングと重なった。トレーニング後、一緒に地下駐車場までエレベーターで降りた際に、ふと『**お兄さん。もしかして余っているグローブはありませんか?**』とお願いしてみると、JUNG KOOKは笑顔で『**明日持ってくるよ**』――と答えてくれたそうです」(同前)

翌日、テヒョンがジムを訪ねると、そこには3セットのトレーニング用のグローブと――

『**JUNG KOOKより**』

――と書かれたメッセージが。

JUNG KOOKはテヒョンが何時にやって来るかを事前にチェックして、それに間に合うように用意してくれていたのだ。

『**〝まさか本当に!?〟っていう気持ちだった。ちゃんと〝明日〟持ってきてくれているなんて。お兄さんはスイート(※日本でいうスマート)すぎる!**』

――と、JUNG KOOKを称えるテヒョン。

さらには数日後、JUNG KOOKは――

『グローブ、ちゃんと使えた?』

――との連絡までくれたという。

『あまり表沙汰になると、中には〝点数稼ぎ?〟〝アニキ風を吹かせたいのか〟とか、素直に見てくれない人がいるから(苦笑)、本当はコッソリとやりたいんだけどさ。でも初めて後輩が出来た時、先輩として〝頼られる〟快感を体験して、自分が出来ることは何でもやってやりたいし、相談にも乗ってやりたい衝動に駆られるようになったんだ。なかなかいいよね。後輩に〝お兄さん扱い〟してもらうのは(笑)』〈JUNG KOOK〉

自分がマンネで面倒をみてもらった経験から、後輩が出来たら『今度は自分の番』だと思っていたJUNG KOOK。

もちろんそれは昨年デビューし、事実上、2組目の後輩にあたる〝ENHYPEN（エンハイフン）〟のメンバーにも同じで、JUNG KOOKから韓服を4種類もプレゼントされたメンバーもいる。

「ニキですね。ちなみにそのプレゼントには『**好みもあるだろうから、無理に外で着なくてもいいよ。家の中で気楽に着て**』――と、JUNG KOOKからの粋なメッセージまで添えられていたとか。今回はテヒョンとニキ、2人のエピソードだけですが、彼ら以外にも4人（※T×T）と6人（※ENHYPEN）のメンバーが残っている。JUNG KOOKがその10人に対してどんな面倒をみるのか。それが楽しみでなりません」（同前）

黄金マンネから黄金ヒョン（※男性言葉で〝お兄さん〟）へ――。

JUNG KOOKの華麗なる転身を見守るとしよう。

JUNG KOOK〝眉毛ピアス〟の影響力

「BTSのメンバーはみんなオシャレで、彼らの私服はいつも注目を集めています。特にマンネラインの3人は、ファッションに興味を持ち始める10代のファンに絶大な人気があり、それぞれに熱狂的な、〝オタクファン〟がついています。しかしあまりにも熱狂的すぎて、つい先日、JUNG KOOKが『**ちょっと怖い**』……とストーカー系のファンに苦言を呈していましたね」(K‐POPライター)

RMのエピソードでもお話ししたが、メンバーが強固なセキュリティを誇る高級マンションに住むのは、熱狂的なファンからプライベートを守るためでもある。

「韓国には独自のファン文化があります。まずアイドルグループには〝マスター〟という取りまとめ役のファンがいて、私服の写真の多くはマスターが撮影したもの。彼(彼女)らは売れない頃からSNSを使い、自分が撮影した写真や情報を拡散してプロモーターのような役割も兼ねてくれる。それゆえアイドル側もあまり強くは出られないのですが、空港を利用する時の便名をはじめ、ほとんどの移動スケジュールが筒抜けなのは驚きです」(同前)

そんな特別なファンの話はともかく、JUNG KOOKが新たに施した〝とあるオシャレ〟のおかげで、お堅いPTAのママさんたちが「娘が真似したらどうしよう……」と悩んでいると聞けば、あまり穏やかな話ではない。

「ピアスですね。まあピアスぐらいは誰でも開けてますが、JUNG KOOKの新しいピアスは眉毛に開けているんですよ。さすがにいくらオシャレのつもりとはいえ、ママさんたちも10代の娘にそこまで真似させたくはないようです」（同前）

韓国ではピアスについて日本よりも罪悪感がなく、芸能人も大半がピアスを開けている。しかし時たま、韓国時代劇（朝廷モノ）でアップになった時に耳たぶにピアスの痕がハッキリと見えると、さすがに「その時代の韓国にピアスなんてないんだから、上手く隠してくれよ」とガッカリさせられることも多い。

実はJUNG KOOKの眉毛ピアスは、7月に彼が配信したV LIVEの最中、視聴者のファンに気づかれたものだった。

「生配信のコメントでピアスを指摘され、JUNG KOOKは『開けました。ずっとストーンを貼るのも面倒で、ついに開けてしまいました』——と笑顔でコメントに答えていたんです」（同前）

ファンの皆さんはご存じだろうが、ＪＵＮＧ ＫＯＯＫは『Ｂｕｔｔｅｒ』のミュージックビデオ以降、眉毛の上下にシルバーストーンを貼っていることが話題になっていた。

「確か『Ｂｕｔｔｅｒ』の記者会見の時、シルバーストーンを貼っていることを認めていました。ことさら〝貼っているだけ〟と強調していたので、さすがにアイドルが顔面にピアスの穴を開けるのは、周囲から見たら〝（やりすぎなのかな～）〟とは感じていました」（同前）

だがＪＵＮＧ ＫＯＯＫはその後もシルバーストーンだけではなく、明らかにピアスとわかるアクセサリーを光らせていたという。

「ファンにすれば直接真偽を確かめる術はありませんから、ＶＬＩＶＥまで〝待たされた〟感覚でしょう。ファンはＪＵＮＧ ＫＯＯＫの細かい変化に敏感ですから」（同前）

そのＶＬＩＶＥでＪＵＮＧ ＫＯＯＫが――

『単純に面倒くさいから開けた』

――と答えると、ファンは「理由がＪＵＮＧ ＫＯＯＫらしくて可愛い」「飽きたら放っておけば（穴が）埋まるしね」「誰よりも似合っている」と絶賛コメントの嵐だったが、翌日、どうにかして眉毛にピアスをつけようと、10代のファンが予想通りに殺到したそうだ。

『僕自身はファンの皆さんに眉毛ピアスを勧めるつもりはまったくないよ。
僕はBTSのJUNG KOOKで、
眉毛ピアスを開けたのも〝作品〟としてのチャレンジだっただけだよ。
ストーンを貼るのはお勧めするけど、あまり無茶をしないで欲しいのが本音』〈JUNG KOOK〉

JUNG KOOK自身は、アイコンとしての〝アート〟の一つだとファンの暴走を諫めている。

「実際、K-POPアイドルの間でも、顔にピアスの穴を開けるメンバーは何人かいます。iKONのBOBBYやGOT7のJB、MONSTA XのI.Mなどがそうで、眉毛ではなく下の瞼や鼻ピアスなど〝それって本当にオシャレなの？〟と疑ってしまうものも（笑）。それはともかく、ピアスでここまで騒ぎになるなんて、JUNG KOOKとBTSの影響力を改めて思い知らされましたね」（同前）

JUNG KOOK自身が語ったように、眉毛ピアスはあくまでも〝BTSのJUNG KOOK〟というアーティストとしての〝チャレンジ〟なのだ。

JUNG KOOKが〝タトゥー〟に刻み込んだ想い

「JUNG KOOKはBTSのマンネですが、アイドルとしてのスペックはNo．1と言っても過言ではありません。歌もダンスもラップもスポーツも、なんでも得意ですからね。しかも筋肉フェチ、トレーニングフェチの一面もあって、キュートなビジュアルながらムキムキの肉体を持っています。時に〝筋肉うさぎ〟と呼ばれることもあります（笑）」（K‐POPライター氏）

13才の時に韓国のオーディション番組で落選したJUNG KOOKだったが、若い年令とポテンシャルを大きく買われ、7社の芸能プロダクションからスカウトを受ける。

「その7社の中に含まれていたのが、当時は新興のBig Hit Entertainmentでした。今となってはJUNG KOOKの選択は正しかったとしか言いようがありませんが、Big Hitよりも実績のあるプロダクションを袖にしたのは不思議がられましたね。実はJUNG KOOKが見学に訪れたBig Hitのスタジオで、ラップの練習をしていたRMの姿に『**こんなカッコいいパフォーマンスは見たことがない**』――と、少年JUNG KOOKが一目惚れしたからです」（同前）

入所にまつわるエピソードは次の項で詳しくお話しするが、レッスンを始めたＪＵＮＧ ＫＯＯＫはさっそく高い壁に跳ね返される。

「韓国の芸能界で〝グループデビューを目指す〟練習生のレッスンは、ジャニーズJr.などとは比べものにならないほど厳しい。現在、ＢＴＳきっての〝オールラウンダー〟と呼ばれるＪＵＮＧ ＫＯＯＫでも、当時は歌とダンスでダメ出しを喰らい続けたそうです」(同前)

人前で上手く歌えずに泣き出してしまったり、ダンスの表現力を磨くためにアメリカにレッスンに向かったり。

必死になればなるほど、本人が思い描いていた理想とは別の方向へと流されていく〝無力感〟に、ＪＵＮＧ ＫＯＯＫは苛まれてしまう。

「ＪＵＮＧ ＫＯＯＫはとても人見知りで、最初は周囲とまったくコミュニケーションが取れなかったといいます。そんなマンネのＪＵＮＧ ＫＯＯＫを何かと気にかけてくれたのが、正反対にコミュニケーション能力に長けたＶ。最初は『**何でこの人は僕にちょっかいを出すの?**』……と引き気味だったＪＵＮＧ ＫＯＯＫも、『**あの時、テテが構ってくれなかったら、練習生を続けられなかったかもしれない**』――と振り返るほど、Ｖには心を開いていったそうです」(同前)

ＲＭに憧れ、Ｖに救われたＪＵＮＧ ＫＯＯＫ。

しかし今でもＪＵＮＧ ＫＯＯＫは人見知りを発揮するのか、年上メンバーたちの〝おふざけの輪〟には加わらず、冷静にメンバーを俯瞰する表情を見せることがある。

『それはあえて加わらなくても、僕がいなくても、その盛り上がりは完結するからです。

そしてみんなが素に戻った瞬間、僕が次のパスを出すことも出来る。

みんながみんな一緒になって騒いでいたら、場合によっては単なる〝身内ウケ〟にしか見えない。

誰か軌道を修正するメンバーが必要なんだよ』〈ＪＵＮＧ ＫＯＯＫ〉

この冷静さもまた、ＪＵＮＧ ＫＯＯＫのセールスポイントの一つといえるだろう。

「あのキャッチーなビジュアルと歌声。アイドルとしてパーフェクトなＪＵＮＧ ＫＯＯＫがマンネでいるからこそ、〝ＢＴＳはより多くの人に注目されるようになった〟という関係者は多いですね。ただしメンバーとファンをいつも思いやる心優しいＪＵＮＧ ＫＯＯＫが、顔に似合わずタトゥーを入れまくっていることに渋い顔をする関係者もいます。特に日本の場合、タトゥーが好印象や好影響を及ぼすことはまずありませんから」（同前）

ＪＵＮＧ ＫＯＯＫのタトゥーは〝あり〟か〝なし〟か？

韓国でも賛否両論真っ二つに分かれる中、それでもＪＵＮＧ ＫＯＯＫがタトゥーを入れ続ける本当の意味――。

それはＲＭやＶをはじめとするメンバーとの絆の証。

一生〝ＢＴＳでいる〟覚悟を、タトゥーとして刻み込んでいるというのだ。

「最初にタトゥーを入れたのは手の甲。一見〝ＡＲＭＹ〟に見えるのでＪＵＮＧ ＫＯＯＫのファンに向けたメッセージなのかと思いきや、タトゥーはＡＲＭＹではなく〝ＶＲＭＹ〟。これをバラバラにすると〝Ｖ〟〝ＲＭ〟〝Ｙ〟に分かれ、Ｖ、ＲＭ、ユンギ（ＳＵＧＡの本名）のアルファベットになります。さらにＶＲＭＹのＭの上に〝Ｊ〟の文字があり、ＪＩＮ、Ｊ-ＨＯＰＥ、ＪＩＭＩＮの３人を指している。つまりＪＵＮＧ ＫＯＯＫは、タトゥーにメンバー６人のアルファベット、そしてＡＲＭＹをベースにしたデザインで、メンバーとファンへの〝愛〟を背負っているのです」（同前）

その後もＪＵＮＧ ＫＯＯＫのタトゥーは増えているが、いずれも彼にとっては意味のあるもの。

しかし最初に入れた〝ＶＲＭＹ〟〝Ｊ〟のタトゥーこそが、ＪＵＮＧ ＫＯＯＫが一番大切にしている想い。

口下手で人見知りな彼の、精一杯の自己主張といえるのではないだろうか――。

JUNG KOOKが続ける〝挑戦〟と〝努力〟

先ほどのエピソードでも触れているが、JUNG KOOKをBig Hit Entertainmentへと導いてくれたのはRMで、練習生時代に逃げ出したくなっていた自分を救ってくれたのはVだった。

『いくつもの芸能事務所から声をかけられた時、
子供ながらに「ちゃんと全部を見てから決めよう」——と考えました。
それでBig Hit Entertainmentに行った時、
そこで見たRMのラップが単純にスゴかったんです。
あの頃はまだ歌手になることについて深く考えてはいなかったんですけど、
映像やスタジオでラップをするRMを、
心から〝カッコいい!〟と圧倒されてしまったことはちゃんと覚えてます。
運命が僕をRMへと導いてくれたおかげで、
BTSとしての第一歩を踏み出すことが出来たんです』〈JUNG KOOK〉

RMのラップに心酔、他の事務所からのスカウトにはすべて断りを入れ、Big Hitの練習生として芸能界に進んだJUNGKOOK。

そしてデビューを迎えようとしていた時、彼は――

『将来、BTSとして栄光を掴める。
僕にはそれが見えている』

――と信じるようになっていた。

『今思えば、めちゃめちゃ態度がデカい（笑）。
でも本気で、僕はそう思っていました。
まだ大人になる前の練習生でしたけど、RMについていけば「人生、何とかなる」と思ったので。
もちろんRM一人だけではなく、優しくて素晴らしい最高の6人に出会えたことは、
僕の人生の中でも一番大切な出来事です。
あの時、ここ（※現HYBEを指す）を選んだことで僕はたくさんの人に愛してもらえたし、
子供だった僕を良い人間に育ててもらえた。
ポジティブなものからネガティブなものまで、
僕に大きな影響を与えてくれた6人のヒョンには心からお礼を言いたいし、
みんなとの出会いを本当に感謝しています。
そしてこれだけの才能が集まれば、天下を獲るのも当然』〈JUNG KOOK〉

楽曲を歌い、ダンスを踊ることにそれほどこだわっていなかったJUNG KOOKだが、やがて〝黄金マンネ〟として自分に対する評価が上がり続けることが、内心では『怖かった』そうだ。

『周りからは〝万能人間〟とか〝オールラウンダー〟とか言われますけど、もちろん自分でも自信があるジャンルはあっても、その他は決して得意ではありません。自分が持っている器量や才能は「どこまで〝ごまかし〟が利くのか?」……それは確かにずっとバレるのが怖かったです。

だから僕は苦手なジャンルをレベルアップさせるため、ただひたすら集中して頑張るしかなかった。そんな自分をオールラウンダーだとは思っていないし、思いたくもありません。僕はこれからも挑戦と努力を続けていくだけ。

でもそういうプレッシャーがあったからこそ、必死に最高の自分を目指せるんです(苦笑)』〈JUNG KOOK〉

――最後の〝(苦笑)〟には、こんなエピソードの伏線が張られていたのでは?

『BTSの初めての英語詞曲の『Dynamite』では、やっぱり英語の発音に苦労しました。自分では正確に発音しているつもりだったのに、レコーディングと練習を重ねるうち、まだまだ改善が必要な部分があることに気づきました。

英語でスラスラと歌うためには、当時の僕ではスムーズに舌を動かすことが出来なかった』〈JUNG KOOK〉

すると、ある程度まで発音が上達した時、スタッフの間には〝(これで妥協するか……)〟みたいな空気が流れ、JUNG KOOKパートのレコーディングが終わりそうになったという。

『僕は、それ以前にRMが――
『韓国語詞だからビルボードHOT100に入れないなら、最初から入らなくていい』
――と韓国語に強くこだわっていたことも知っていたし、
そんなRMが『Dynamite』で英語詞を解禁するなら、
ネイティブに引けを取らないぐらいに発音が出来ないと、RMの顔に泥を塗ることにもなる。
そんなプレッシャーを自分に課し、ひたすら練習を重ねるうちに、
ようやくRMから笑顔で「OK!」が出たんです』〈JUNG KOOK〉

日頃から様々なジャンルの音楽を聴き、そこに新たな発見を見つけた時に『最高に気分がいい』というJUNG KOOK。

それはほとんどが、他のアーティストの〝発声法や口腔内で空気を出し入れするテクニック〟だとか。

さらにBTSの海外ツアー中には、アリアナ・グランデのコンサートに参戦したことが『最も勉強になった』とも。

『ステージ上のアリアナの存在感に、とにかく圧倒されてしまいました。
あんなに小柄なのに、彼女の声量と歌唱力は本当に凄い。
心から感動しました。
そうしたところを見習い、学びたいと思いました。
彼女のパフォーマンスを観て、
僕も成長と進歩をずっと続けていきたいと思ったんです』〈JUNG KOOK〉

この〝ひたむきに前向きな想い〟がある限り、JUNG KOOKはこれからも成長を続け、今よりもさらに大きなアーティストとして、BTSと共に羽ばたいていくことだろう——。

JUNG KOOKからメンバーへ、そしてARMYへの〝深い想い〟

JUNG KOOKが6人のヒョンからいかに愛されているかは、メンバーのJUNG KOOKに対する思いやりのあるコメントで一目瞭然だろう。

「JUNG KOOKが年上メンバーから愛されているのは、同様にJUNG KOOKがヒョンたちを愛しているからこそです。JUNG KOOKが自分よりもお兄さんたちの〝幸せ〟を優先に考えているのは、あの有名なセリフがすべてを物語ってくれています」（K‐POPライター）

そのセリフとはBTSの生みの親でプロデューサーでもあるパン・シヒョク氏が、当時は合宿生活を送っていたJUNG KOOKに対し、尋ねたひと言への答えだった。

パン・シヒョク氏に『辛いことはないか?』と尋ねられたJUNG KOOKは――


『僕は辛いことなんて一つもありません。

15才の時に芸能界のことなんて何もわからないまま上京してきましたけど、
でもそれは自分がそうしたくてソウルに来たんです。

僕に辛いことがあるとしたら、それは一緒に暮らすヒョンたちが辛そうにしているのを見た時です。

他のことはよくわかりませんけど、みんなが辛そうにしている姿を見るのが何よりも辛いんです。

みんなが辛くならずに済むなら、僕は何でもやります』

――と、泣きながら答えたという。

「この出来事でARMYは、JUNG KOOKが〝黄金マンネ〟と呼ばれているのは、彼が何でも出来るオールラウンダーに加え、誰よりも光り輝く〝心〟を持っているからだと知りました」(同前)

この時のJUNG KOOKとパン・シヒョク氏とのやり取りについて、その場にいたメンバーたちもそれぞれの気持ちを明かしている。

『「メンバーが辛いことが自分の辛いこと」
——と言って号泣していたJUNG KOOKの姿を、
僕は一生忘れることはないでしょう。
その頃、年上の僕らに遠慮して〝我〟を張ることがまったくなかったJUNG KOOKが、
心の中ではそんなことを考えてくれていたなんて。
それ以降、JUNG KOOKの心を何とか覗こうとチャレンジしてますよ（笑）』〈RM〉

『僕らはパン・シヒョクプロデューサーの前で大声で泣いたJUNG KOOKを見て、
最初はその激しい感情表現に驚き、
「JUNG KOOKにもこんな一面があったんだ」——と、嬉しくもなりました。
そして一番年下のJUNG KOOKに背負わせていたものを、
一番年上の人間として恥ずかしかったです。
でも、とにかく可愛かった（笑）』〈JIN〉

『JUNG KOOKに言われて、
自分が隠せていたと思っていた辛さや疲れがバレバレで、
本当に申し訳ない気持ちになりました。
そしてステージ上ではいつもカッコいいパフォーマンスを見せていた、
JUNG KOOKのギャップに、改めて〝スゴいヤツだな〟と感じていました』〈SUGA〉

『JUNG KOOKはいつも〝自分〟を歌やダンスのパフォーマンスで表現しているから、
つい彼が一番年下なのを忘れていました。
本当はみんなから甘やかされて過ごすべき存在なのに、
誰よりも僕らのことを見てくれていた。
JUNG KOOKは間違いなく僕らの誇りです』〈J-HOPE〉

『JUNG KOOKのように考えられるメンバーがいてくれるから、
僕たちはもっと全力で頑張らなければいけないし、頑張れる。
彼は僕らをやる気にさせてくれる人なんです』〈JIMIN〉

『今でも覚えてますし、僕もずっと忘れません。
そしてJUNG KOOKが泣きながら話してくれた言葉たちは、
彼の生み出す詞としても楽曲に詰まっている。
だからARMYのみんなも、気持ちを共有できるんだと思います』〈V〉

Vが『ARMYのみんなも気持ちを共有できる』と言ってくれたが、JUNG KOOKはARMYに対しても、こんな言葉を残している——。

『ARMYの息づかいや合唱する声、そして僕たちを見て流してくれる涙。
僕はステージの上から、そんなARMYの姿をずっと見てきました。
そしてそのたびに、僕に――
「BTSになって本当に良かった」
――と、幸せを感じさせてくれるんです。
僕はこれからもBTSのメンバーとして、ステージに立ち続けます。
いつもこの場所にいます。
ARMYのみんなが会いたい時は、いつでもステージを見にきて欲しいです。
チケットを取るのも大変かもしれないけど、また次も僕はステージに立っています。
僕がここにいること、それだけは忘れないでください』〈JUNG KOOK〉

忘れようとしても、忘れられるわけがない。
JUNG KOOKの想いは、メンバーの、そして世界中のARMYの、心の奥深くまで届いているのだから――。

Epilogue

そもそも北米市場において、K‐POPグループは権威的な企業（所属事務所）の厳しい訓練によって造られた〝機械的な存在〟のイメージで受け取られてきた。

それは男性グループはもちろんのこと、少女時代以降の女性グループにもあてはまる。

「BTSも当初は、そういったステレオタイプのグループだと見られていました。しかし2018年から2019年にかけて、遂にビートルズ以来の〝1年以内に3枚のナンバーワンアルバムを輩出したグループ〟に輝くと、彼らがデビュー時からそれまで歌ってきた、若者に課せられた固定観念や物質主義を糾弾する歌詞に注目が集まり、北米の若者たちにも自己受容の精神を広めていったのです。そしてBTSに限っては、国籍や人種なども些末な問題に過ぎなくなっていった」（音楽ライター）

ＢＴＳは北米市場においても、韓国語の歌詞を貫いた。

世界的な規模と影響力を持つ同市場において、英語ではない楽曲がヒットし難いことは常識の一つであったが、急速に進んだストリーミングサービスの普及により、今やＫ‐ＰＯＰとラテン語圏のスターこそが〝新時代の象徴〟と受け入れられるようになっている。

「かつてＲＭは『ＢＴＳのアイデンティティを変えて全英語歌詞にするくらいなら、ビルボードのＨＯＴ１００で1位になれなくてもいい』――と語りましたが、そこまでの強い意志が日本のアーティストにはまだありません」(同前)

また北米市場に与えたＢＴＳのインパクトは、メンバーがメイクアップを施し、時に女性のような仕草でじゃれ合う姿からも一つの衝撃となった。

アメリカで優位性を持つ〝男らしさ〟の概念からは大きく外れるものだったからだ。

「男性Ｋ‐ＰＯＰグループの柔らかい仕草や美しさ、アジアらしい美的感覚は、様々なジェンダー論へと発展しました。西洋のマッチョな男性らしさとは真逆の方向性。ＢＴＳをはじめとする男性Ｋ‐ＰＯＰグループが、〝アメリカにおける男らしさの概念に影響を与える〟といわれるほど、彼らの影響力はすさまじい。日本に住んで一元的な情報しか得られない我々には、ＢＴＳの本当の〝凄さ〟を知らないも同然なのです」(同前)

そんなＢＴＳのアメリカ、いや世界的な躍進を支えているのが、ＡＲＭＹと呼ばれるファンの皆さんだ。

国境と言語の壁を超えて輪のように繋がっているＡＲＭＹは、主なソーシャルメディア関連の記録をことごとく塗り替えた。

「２０１７年には政権を発足させたドナルド・トランプ大統領を大きく引き離し、Ｔｗｉｔｔｅｒで〝最もリツイートされたセレブ〟に君臨すると同時に、〝最もツイートされたアーティスト〟も連続で記録しています。昨年には、世界的に大きなうねりとなったＢｌａｃｋ Ｌｉｖｅｓ Ｍａｔｔｅｒ運動〝アンチ勢〟のハッシュタグをＡＲＭＹが乗っ取り、政治的な動きでも注目されています。さらにＡＲＭＹは、ＢＴＳが所属するＢＩＧＨＩＴ ＭＵＳＩＣと共に１００万ドルの寄付を行ったことを受け、同額の寄付金を集める〝＃ＭａｔｃｈＡＭｉｌｌｉｏｎ〟計画を実施。わずか１日で目標を達成するなど、世界的なチャリティ活動には多大なる尊敬を集めています」（同前）

これもＢＴＳメンバーが掲げる『Ｌｏｖｅ Ｙｏｕｒｓｅｌｆ』のスローガンが、社会や政治を含む、あらゆる啓蒙活動においてファンの賛同を促進しているからだろう。

ＢＴＳが巻き起こす巨大なムーブメントは、世界中を席巻し、とどまるところを知らない。

果たしてこの先、彼ら7人はどこへ向かおうとしているのか。

そして我々に、どんな素晴らしい世界を見せてくれるだろうか。

ＢＴＳ――防弾少年団

彼らの未来は、どこまでも無限に広がっている――。

【2020年9月23日・BTS国連総会ビデオメッセージ】

『LOVE MYSELF』を通じてユニセフの「ENDviolence（暴力をなくそう）」キャンペーンをサポートしているBTSが、2020年9月23日、第75回国連総会の「新型コロナウイルス感染症（COVID‐19）危機の長期化」をテーマにしたハイレベル・サイドイベントにおいて、世界中の若者たちへのビデオメッセージを寄せた。

冒頭ではユニセフ事務局長のヘンリエッタ・フォア氏がメッセージを伝え、続いてリーダーのRMをはじめメンバー全員が、コロナ禍の先の見えない毎日で感じていた不安、音楽やファンへの想い、大切だと思うこと、未来への希望など素直な想いを語ってくれている。

【ビデオメッセージ全文（公式和訳）】

【RM】

国連保健安保友好国グループ参加諸国の代表の皆さん、ユニセフ事務局長、各国首脳、そして世界中からお集まりの皆さんに感謝申し上げます。

第75回国連総会でスピーチする貴重な機会を光栄に思っています。

僕の名前はRM、BTSのリーダーです。

2年前、ここであなたの名前を尋ねました。

あなたの声を聞かせてほしいと。

僕は想像力で満たされました。

韓国の小さな町イルサン出身の男の子として、国連総会に立つ若者として、地球市民として。

僕たちの前にある限界のない可能性を想像し、興奮で心が高鳴りました。

でも、COVID-19は想像以上でした。

世界ツアーはキャンセルになり、予定はすべてなくなり、ひとりきりになりました。

夜空を見上げても、星は見えませんでした。


【JIMIN】

希望はなく、すべてが崩れさり、自分の部屋から窓の外を眺めるしかありませんでした。

昨日まで世界中のファンに囲まれ、歌い踊っていたのに、僕の世界はしぼんでしまいました。

そのとき手を取ってくれたのは友だちでした。

お互いに支え合い、一緒にできることを話しました。


【SUGA】

デビュー以来初めて、人生がシンプルになりました。

望んだわけではないけれど、大切な時間だと受け入れました。

広かった世界が一瞬にして小さくなることには慣れています。

ツアーのときは明るい光と大きな声援の中に立っていますが、夜になり部屋に戻れば僕の世界は
小さな部屋の大きさです。

でも僕たちの世界は、とても大きくなりました。

今は携帯電話があるし、ファンがいてくれます。


【V】

でも今回は違いました。

前よりもひとりきりで、小さく感じました。

〝なぜだろう?〟と長い間考え、想像するのが難しくなったからだと思いました。

フラストレーションがたまり、落ち込みました。

ノートを手にし、曲や詞を書き、自分が何者かを考えました。

そして「ここで諦めたら僕は人生のスターになれない。素晴らしい人たちは諦めない」と思いました。


【J-HOPE】

誰が最初に始めたかはわかりませんが、僕たち7人は気持ちを抱きしめ、一緒に音楽を作り始めました。

これが音楽の源、僕たちを素直にしてくれるものだと。

人生は予想できず、すべての答えを知っているわけではありません。
向かいたい場所はわかっても、どのように行き着くかはわかりません。
ここにたどり着くまでにしたことは、信じること、全力を尽くすこと。
自分のしていることを愛することでした。

【JーN】

メンバー、家族、友だち。
自分の愛する人たちが明確になりました。
愛する音楽と、自分自身を見つけました。
将来のことを考えること、一生懸命頑張ることは大切です。
でも自分を大切にし、勇気づけ、幸せでいることが一番大切です。
不確定なこの世界では「僕」「あなた」「僕たち」を大切にしなければなりません。
それがこの3年間話してきた『LOVE MYSELF』のメッセージです。
『Dynamite』の歌詞にもあります。
「僕はダイヤモンド 僕が輝いてるのは知ってるでしょ」

【JUNGKOOK】

ある夜、みんなで一緒に仕事をしているとき、もう星が見えないとRMが言いました。

僕には窓に映った僕の顔が見えました。僕たち全員の顔が。

僕たちの歌は、僕たちがお互いに伝えたいストーリーになりました。

僕たちは不確定な中に生きているけど、本当は何も変わっていないのです。

僕にできることがあるなら。

人々に強さを与えられるなら。

それが僕たちのやりたいことです。


【RM】

JUNGKOOKが言ったように、自分を見失ったとき、窓を見て自分の顔を思い出します。

2年前（※2018年）、ここで話した言葉を覚えています。

「自分を愛し、あなたのことを話してください」

今はこれまで以上に、自分たちが誰であるかを思い出し、向き合わなければいけないとき。

自分たち自身を愛し、未来を想像するときです。

ＢＴＳはあなたと一緒にいます。
未来は暗く、痛みを伴い難しいものかもしれません。
つまずき、転んでしまうかもしれません。
でも夜が暗いほど、星は明るく輝くもの。
星が隠れてしまったら、月明かりに導いてもらおう。
月も暗かったら、お互いの顔を明かりにして進もう。
世界を再び想像しよう。
疲れきっているかもしれないけど、もう一度夢見よう。
世界が小さな部屋を飛び出していく未来を。
夜が続き、いつもひとりだと感じるかもしれません。
でも夜が一番暗いのは、光が差す夜明け前なのです。

【BTS全員】

人生は続く。
生きていこう。

BTS 素顔のBTS
on
Backstage

〔著者プロフィール〕
柳　哲秀（リュウ・チョルシュ／リュウ・テッシュウ）
韓流芸能ジャーナリスト。韓国及び日本の芸能事情に詳しく、特に日本における韓流ブーム、K‐POP アイドルに関して精通している。テレビ、雑誌、イベントなど様々な分野に携わり、その豊富なネットワークを活かしたジャーナリスト活動は、数々の芸能メディアから信頼されている。主に、韓国・日本の芸能メディアで活躍中。本書では、彼の持つネットワークを通して、BTS 及びパン・シヒョクPDと交流のある現場スタッフを中心に取材を敢行。BTSメンバーが語った“言葉”と、側近スタッフから見た彼らの“素顔”を紹介している。
主な著書に、『バンタン流 防弾少年団』（太陽出版）などがある。

BTS on Backstage
―素顔のBTS―

2021年8月30日　第1刷発行

著　者……………柳　哲秀
発行者……………籠宮啓輔
発行所……………太陽出版
〒113-0033　東京都文京区本郷3-43-8-101
電話03-3814-0471／FAX03-3814-2366
http://www.taiyoshuppan.net/

デザイン・装丁…宮島和幸（KM Factory）
印刷・製本………株式会社シナノパブリッシングプレス

ISBN978-4-86723-047-3